I0175015

Francisco de Rojas Zorrilla

Abre el ojo

Barcelona **2024**
Linkgua-ediciones.com

Créditos

Título original: Abre el ojo.

e-mail: info@linkgua.com

Diseño de cubierta: Michel Mallard.

ISBN tapa dura: 978-84-9007-030-7.
ISBN rústica: 978-84-9816-215-8.
ISBN ebook: 978-84-9897-000-5.

Sumario

Brevísima presentación

La vida

Francisco de Rojas Zorrilla (Toledo, 1607-Madrid, 1648). España.
Hijo de un militar toledano de origen judío, nació el 4 de octubre de 1607. Estudió en Salamanca y luego se trasladó a Madrid, donde vivió el resto de su vida. Fue uno de los poetas más encumbrados de la corte de Felipe IV. Y en 1645 obtuvo, por intervención del rey, el hábito de Santiago.
Empezó a escribir en 1632, junto a Pérez Montalbán y Calderón de la Barca, la tragedia El monstruo de la fortuna. Más tarde colaboró también con Vélez de Guevara, Mira de Amescua y otros autores.
Felipe IV protegió a Rojas y pronto las comedias de éste fueron a palacio; su sátira contra sus colegas fue tan dura al parecer que alguno de los ofendidos o algún matón a sueldo le dio varias cuchilladas que casi lo matan. En 1640, y para el estreno de un nuevo teatro construido con todo lujo, compuso por encargo la comedia Los bandos de Verona. El monarca, satisfecho con el dramaturgo, se empeñó en concederle el hábito de Santiago: las primeras informaciones no probaron ni su hidalguía ni su limpieza de sangre, antes bien, la empañaron; pero una segunda investigación que tuvo por escribano a Quevedo, mereció el placer y fue confirmado en el hábito (1643). En 1644, desolado el monarca por la muerte de su esposa Isabel de Borbón y poco más tarde por la de su hijo, ordenó clausurar los teatros, que no se abrirían ya en vida de Rojas Zorrilla, muerto en Madrid el 23 de enero de 1648.

Personajes

Cartilla, gracioso
Don Clemente
Don Julián de la Mata
Doña Beatriz
Doña Clara
Doña Hipólita
Juan Martínez Caniego
Leonor, criada
Marichispa, criada
Un Ganapán

Jornada primera

(Sale don Clemente, como enojado, y doña Hipólita, viuda, deteniéndole.)

Don Clemente — Déjame ir.

Doña Hipólita — ¿A dónde vas?
¿Que te quiera bien te enfada?

Don Clemente — Si tú no fueras cansada
te quisiera, mucho más.

Doña Hipólita — ¿Que te enojes de ese modo
porque a detenerte salgo?

Don Clemente — Déjame a mi querer algo,
no te lo quieras tú todo.

Doña Hipólita — Bien pagas un noble amor.

Don Clemente — Porfía tu amor se llama.

Doña Hipólita — Porque ves que no soy dama
de coche y calle Mayor:
solo porque en mí no ves
(aunque me la dé cualquiera)
hoy sacar una pollera,
y mañana un guardapiés:
y porque nunca al sotillo
un verde me salgo a dar,
ni me ves irá buscar
a San Marcos el trapillo,
no me estimas ni me quieres,
ni una caricia te escucho;

pues adviértote que hay mucho
de mujeres a mujeres.
Ya yo entiendo tus desvelos,
y ya sé lo que te enfada
no ver mi casa colgada
de muy lindos terciopelos.
Lo que hubieras estimado
hallar cuando entras aquí,
una cama carmesí
con goteras de brocado,
ya yo sé que tú quisieras
ver mis manos muy brillantes
de sortijas de diamantes
(aunque tú no me las dieras).
En el Prado en el verano
tú oyeras de buena gana:
—«¿Quién ya allí? —Doña Fulana.
—¿Y quién la habla? —Don Fulano.»
Pues no hayas miedo, señor,
que a esto tu ruego me venza,
porque yo tengo vergüenza,
aunque ves que tengo amor.
Contigo fui desdichada,
y aunque en amar y querer
desdichada venga a ser,
he de parecer honrada,
nómbrame quien me nombró
(esto examinarlo puedes)
doña Hipólita Paredes
pero la Paredes no:
y es cosa muy desairada,
que yo me llegue a prendar
de un...

Don Clemente ¿Quiéreme dejar,
señora mujer honrada?
Paso con ella una vida...

Doña Hipólita Dila.

Don Clemente Déjeme, señora.

Doña Hipólita ¿Qué es?

Don Clemente ¿Que entro aquí cada hora,
y no hallo quien me lo impida?

Doña Hipólita Solo porque yo te quiero
esa falta me hallarás.

Don Clemente Ítem, otra falta más,
que eres mujer de llavero.

Doña Hipólita ¿Pues el llavero te enfada?
¡Oh, qué de falta tenemos
las mujeres que queremos!
¿Es mejor una afeitada
hamponaza de la yerba,
de las de hender y rajar,
que cuando se va a acostar
echa la cara en conserva?
¿Será mejor una hampona
destas que traen con ruido
el talle muy bien prendido,
y muy suelta la persona?
¿Es mejor una deidad
de las que con riesgo tanto
la gloria traen en el manto

y el humo en la voluntad?

Don Clemente — ¿Y es mejor (ya que te empeñas)
lograr muy basto y grosero
un amorazo casero
que está durando por peñas?

Doña Hipólita — Mis requiebros siempre han sido
hijos de mi voluntad.

Don Clemente — Y son por su antigüedad
de solar muy conocido.

Doña Hipólita — Tu grosera sinrazón
apasionada me deja,
(Llora.) porque no soy yo tan vieja,
Que...

Don Clemente — Acabose, lagrimón.

Doña Hipólita — ¡Siempre con ira y desgarro,
siempre desdenes y fieros!

Don Clemente — ¿Quiere no hacerme pucheros?
Que haré pedazos el barro;
déjame, no me atormentes.
¿Que te debo yo?

Doña Hipólita — ¡Ah, cruel!

Don Clemente — Acaba, di.

Doña Hipólita — ¿Qué? Por él
No me hablan va mis parientes,

y el canónigo mi tío
ha sabido lo que pasa.

Don Clemente — No entraré más en tu casa.

Doña Hipólita — Vuelve acá, Clemente mío.

Don Clemente — Déjame salir de aquí.

Doña Hipólita — ¿Que me pagues deste modo?

Don Clemente — ¿Quieres que te diga todo
lo que haces conmigo?

Doña Hipólita — Di.

Don Clemente — Doña Hipólita Paredes,
tú eres dama principal
tu hermosura, la que basta,
tu limpieza, un poco más.
Pero como hay ya seis años
que te vengo a visitar,
es fuerza que esté cansado
un amor de tanta edad.
Tú quieres tan apretado
que liarás mal si no la das
ensanchas, para que no
reviente tu voluntad.
Si muy de mañana vengo
tus ojos a idolatrar,
dices: Señor don Clemente,
¿tan temprano por acá?
Poco te estima esa dama,
pues que te hace levantar

a las seis de la mañana
(aunque sean las diez y más).
Si entro a mediodía, dices
que para todo hay lugar,
los medios días aquí,
las medias noches allá.
Si hablo recio, me replicas,
repare que hay vecindad,
y aquí no es como en las casas
donde no hay que reparar.
Si estoy triste, a media risa
me dices con falsedad:
—¿Tiene esa dama visita?
Paciencia, luego se irá.
Si ceno contigo, y traigo
tanta gana de cenar,
que ceno apriesa me dices,
come aspacio, que tiempo hay.
Si como poco (tal vez,
que siempre esta vez es tal)
dices: —Los enamorados
nunca suelen comer más.
  Te traigo algún regalo,
es lo que ha sobrado allá,
y si no le traigo, dices:
—Somos tres, no hay que espantar.
Si suspiro, dices: —¡Fuego!
Dices (si quiero cantar)
—Espanta tus males, hijo;
si me voy: —¿Es hora ya?
mujer honrada, ¿qué quieres
de mí? ¿No me dejarás
que yo te vaya queriendo
a mi paso natural?

Doña Hipólita — Yo bien quisiera templarme,
mas no me puedo templar.

Don Clemente — ¿No me darás unos celos?

Doña Hipólita — Muy fácil cosa será,
pero sobre tanto, es
añadirme otro pesar,
que la mujer que picada
solicita otro galán
por vengarse de su amante
se venga de sí no más.

Don Clemente — Dices bien, pero procura...

(Sale Cartilla.)

Cartilla — Tu padre te envía a llamar.

Don Clemente — ¿Qué me quiere?

Cartilla — Qué sé yo.

Doña Hipólita — Váyase, que aguardará
la dichosa que le goza,
y después no habrá lugar.

Don Clemente — Lleve el diablo la dichosa.

Cartilla — Y lléveme Barrabás
si su padre no le busca.

Doña Hipólita — Picaño, sí llevará;

vos sois quien...

Cartilla — Yo soy, señora,
un criado principal,
y yo no voy con mi amo
a esas andanzas jamás.

Doña Hipólita — ¿Pues se va solo tu amo?

Don Clemente — Mujer, ¿quiéresme dejar?
¡Que se usen obligaciones!

Doña Hipólita — Pues mira, aquí te has de estar,
o a de ir contigo Andreilla
a ver si a tu casa vas.

Don Clemente — Aquí he de estarme contigo;
ya no me voy.

Cartilla — Hará mal.
(Aparte.) (Quiero ver si hablarle puedo;
yo me llego.)

(Va a llegarse a su amo.)

Doña Hipólita — ¿Dónde vais,
alcahuete del señor
don Clemente?

Cartilla — Escribo mal
(Aparte.) (Doña Clara se ha mudado.
y a mí me importa avisar
que luego la vaya a ver,
que hay tiempo.)

Don Clemente Porfiada estás.

Cartilla (Aparte.) Desta esta manera ha de ser.

(Tose.)

Doña Hipólita ¿Qué es esto, alcahuete? ¿Estáis
acatarrado o es seña?
Ea, ¿qué toses? hablad.

Don Clemente ¿No es cosa extraña la tuya?
¡Qué aún no pueda un hombre estar
acatarrado!

Doña Hipólita Más clara
tenéis la voz que Florián,
y os fingís malo del pecho.

Cartilla (Aparte.) (Por Dios que le he de avisar
que doña Clara le espera,
contando mi enfermedad.)
Señora, escúchame, Clara,
(tengo la voz es verdad)
espera (y te contaré
mi catarro de pe a pa).
Vamos presto al como fue:
señora mía, sabrás,
Que se ha mudado a otra casa,
mi comer y mi cenar;
como mi amo no da vino,
y es agua cuanto me da,
en la calle de las Huertas
vive (uno y otro cuajar).

El cuarto bajo es muy bueno,
mas como tiene humedad,
me hace mal al pecho lo que
a la garganta no hará,
Clara está aguardando, a ver
si tú quieres esterar
a mi estómago, que es
todo el cuarto principal;
Clara espera, Clara aguarda,
Clara mi garganta está,
y si tú quieres que Clara
no se venga a catarrar,
remedia esta tos que tengo,
pues te hablo con claridad.

Doña Hipólita

¿No sabes qué he reparado?
Que en diez palabras no más
Habéis dicho treinta Claras.

Don Clemente

Yo apuesto, que digas ya,
que me habla de alguna Clara.

Doña Hipólita

No te quiero violentar;
ve a saber lo que tu padre
quiere; ¿cuándo volverás?

Don Clemente

A las diez.

Doña Hipólita

Tomo a las doce.

Don Clemente

¿Quieres que te quiera más?

Doña Hipólita

Sí.

Don Clemente		Pues déjame quererte.

Doña Hipólita		Yo voy fuera.

Don Clemente		¿A dónde irás?

Doña Hipólita		Al Prado, que hoy tengo un cocho.

Don Clemente		Eso sí, salte a espaciar.

Doña Hipólita		¿No preguntas quién me ha dado
el coche?

Don Clemente		Sé tu lealtad.

Doña Hipólita		¿Y si no te pido celos
es cierto que me querrás?

Don Clemente		Hoy te quiero, con pedirlos.

Doña Hipólita		Pues de hoy más no te he de hablar
más en mis celos, Clemente.

Don Clemente		Con eso me obligarás.

Doña Hipólita		Veamos cómo obras conmigo.

Don Clemente		Tendré amor y tendré paz.

Doña Hipólita		De hierro seré en sufrirte.

Don Clemente		Yo te atraeré como imán.

Doña Hipólita		Otra mujer has de verme.

Don Clemente Así me aprisionarás.

Doña Hipólita Pues ve a ver esa señora,
y vuélvete luego.

(Vase.)

Cartilla Zás.

Don Clemente ¿Qué me quiere esta mujer,
Cartilla amigo?

Cartilla Querrá...
sal presto de la antesala.

(Van andando.)

Don Clemente Ya estamos en el zaguán
y ya en la calle.

Cartilla Volvamos
la esquina, que llamará.

Don Clemente No creerás que abochornada
salgo.

Cartilla Señor, tú haces mal
estas damas del zapato
alpargatado jemal
no tenerlas, o tenerlas
para descansar no más.

Don Clemente Yo la tengo obligación;

en mi prisión no vi entrar
otro amigo ni pariente.
Dime, en una enfermedad
(que no me asistió mi padre)
¿Gastose solo un real
que ella no enviase, fuera
de asistirme?

Cartilla — Así es verdad:
y desde esta calle (que es
la calle del Carmen) va
a la cárcel, si estás preso;
si retraído, a San Blas.

Don Clemente — En fin, ¿se mudo mi Clara?

Cartilla — Faltábale de cursar
de la calle de las Huertas
la docta universidad.

Don Clemente — ¿Sabes por qué se ha mudad?

Cartilla — Persiguela un don Julián
de Bocanegra.

Don Clemente — ¿Qué dices?

Cartilla — Aquel que en la Trinidad
te dio el domingo pasado
el grande chasco de hablar.

Don Clemente — Porque dije que hacía versos,
me dio con un madrigal
de mil versos; porque hablé

de toros, hablo en torear
tanto, que me dio en la nuca
de no quererle oír más.

Cartilla

Él habla a turbiones; pasa
ese arroyo pían, pían,
que de la Puerta del Sol
es el verdinegro mar.
¿Que aquí ponga el Sol su puerta,
siendo tan limpio?

Don Clemente

Ahí verás.

Cartilla

Y por gran novedad suele
decir la gente vulgar,
que adonde no está muy limpio
es adonde el Sol no da.

Don Clemente

Esta es la Carrera, andemos.

(Van andando.)

Cartilla

Y mi calle, voto a san.

Don Clemente

¿Por qué?

Cartilla

Porque cuando riño
aquí vengo yo a parar.

Don Clemente

Oyes, ¿el cuarto de Clara
es bueno?

Cartilla

Cuarto será
de cien ducados, y es bajo.

Don Clemente

Y dime tú, ¿quién habrá
pagádola el medio año?

Cartilla

¡Por Dios, linda necedad!
como no lo pagues tú
mas que le pague el Soldán.
Tú eres el del gusto agora
no vayas a preguntar
quien le ha pagado o quien no,
porque lo responderán
que no le han pagado, y luego
te le harán a ti pagar.

Don Clemente

Particular afición
debo a doña Clara ya.

Cartilla

¡Oh! la Clarilla es mujer
de mucho particular.

Don Clemente

Esta es la calle del Lobo.

Cartilla

Desde que te sirvo ha
que no he tomado esta calle.

Don Clemente

No ha habido necesidad.

Cartilla

Antes si yo no la tomo
ha sido porque la hay.

Don Clemente

¿Son esos los trucos?

Cartilla

Sí,
donde indio que entra a jugar

con el mozo de los trucos,
y otros leoneros que hay,
aunque armados de mil conchas
entre en guerra, sale en paz.

Don Clemente ¿En qué parte de la calle
es la casa?

Cartilla Es más allá
de la casa de dos puertas
cuatro casas.

Don Clemente Cerca está
de la casa de Beatriz,
la que se quiso casar
conmigo, y me puso el pleito.

Cartilla Y no fue de nulidad,
pues en esa misma casa
vive Clara; ¿importará
para que tú puedas ir
a verla?

Don Clemente Ha un año que está
en un convento, y yo tengo
de uno y otro Tribunal,
del señor Nuncio y vicario,
dos autos conformes ya.
Y agora ha apelado a Roma.

Cartilla Luego a Rota apelará.

Don Clemente Estése ella en el convento,
y ande el pleito.

Cartilla Dado has
con todo en tierra.

Don Clemente ¿Qué dices?

Cartilla Que es el diablo don Julián.

Don Clemente Volvamos, que no ha de vernos;
anda apriesa.

(Vuelven la cara.)

Cartilla No hay andar,
que nos ha visto, y se viene
tras nosotros.

Don Clemente Di, ¿qué hará
en esta esquina?

Cartilla A estos barrios
habrá venido no más...

Don Clemente Anda apriesa, anda.

(Sale don Julián.)

Don Julián ¡Ah, señor
don Clemente!

Cartilla Oír y andar.

Don Julián ¡Ah, don Clemente!

Don Clemente ¿Quién llama?

Don Julián Yo soy.

Don Clemente ¡Señor don Julián!

Don Julián ¡Amigo!

Don Clemente Soylo muy vuestro.

Don Julián Abrázame, ¿cómo estáis?

(Abrázale.)

Cartilla (Aparte.) Aun no le ha hablado dos veces,
y ya le quiere abrazar.

Don Clemente ¿Qué hacéis en aquestos barrios?

Don Julián Sabed que he visto pasar
un carro lleno de ropa
de doña Clara Guzmán
(una dama a quien estimo,
y ella no me quiere mal),
y sobre unos celos míos
por hacerme este pesar
trataría de mudarse;
pues hallé junto al Corral
de las Comedias un corro
de amigos, púseme a hablar,
y háseme perdido el carro
en la esquina.

Don Clemente

(Aparte.) (Si es verdad
que le quiere doña Clara,
hoy mi venganza verá
¡Clara a don Julián estima!)
¿Pues agora qué aguardáis
si se ha desaparecido
el carro?

Don Julián Que ha de pasar
cuando vuelva de vacío;
y cualquiera ganapán
de los que mudan la ropa,
donde vive me dirá.

Don Clemente ¿Si no es suyo carro y ropa?

Don Julián Yo bien puedo asegurar
que vi un estrado y alfombra
sin seis sillas de nogal
y baqueta de Moscovia
que hecha la cuenta, me están
en tres mil reales de plata,
que en vellón son cuatro y más.

Don Clemente ¿Quiereos mucho la tal Clara?

Don Julián Damas desta calidad
del capricho y del buen gusto,
nunca quieren al que da.

Don Clemente Mucho el sacalle me importa
Desta calle.

Don Julián ¿Y dónde vais

por estos barrios?

Don Clemente — Yo voy
al Mentidero a ensayar
una comedia que ha escrito
un amigo.

Don Julián — Voy allá,
que en mi vida he visto ensayo.

Don Clemente — Venid conmigo.

Don Julián — Guiad.

(Van andando.)

Cartilla (Aparte.) — (Ya le saco de la calle
mi amo, mucho importará
que este hombre nos deje luego.
¿Cómo le podré engañar?
El carro vuelve vacío:
no le podrá ver pasar
si me pongo desta suerte.)
(Pónese delante.) Aprisa que es tarde ya,
y empezarán el ensayo:
(pasó el carro.)

(Díceselo a su amo.)

Don Clemente
(Aparte.) — Bien está;
¿qué haré para que me deje?

Cartilla — Así, vamos a cobrar

los dos mil reales, señor.

Don Clemente ¿Qué hora es?

Cartilla Las once darán.

Don Clemente Pues dejo el ensayo; adiós
amigo mío.

Don Julián Aguardad,
que yo iré con vos.

Don Clemente Es lejos.

Don Julián ¿Pues qué tan lejos será?

Don Clemente Es junto al Rastro.

Don Julián Yo tengo
un poco que hacer allá.

Don Clemente Vamos por unos dineros.

Cartilla Pues por Dios, que real a real
he de contar los dos mil,
(Aparte.) (Desta manera se irá).
No he de tomallos a peso.

Don Julián Yo te ayudaré a contar.

Cartilla (Aparte.) Ya escampa.

Don Clemente
(Aparte.) ¡Cielos! ¿Qué haré?

Cartilla	Y de paso comprarás las treinta arrobas de lana.
Don Julián	Así, a mí me las darán cuatro reales por arroba menos que a otro.
Don Clemente (Aparte.)	 (¿Hay tal porfiar?) Así, vamos al entierro de don Carlos a San Juan (Que para ir por el dinero a la tarde habrá lugar), que debo mucho a su casa.
(Aparte.)	(Con esto se quedará.)
Don Julián	¿A entierro vais?
Don Clemente	Es forzoso.
Don Julián	¿Hay misa?
Don Clemente	Y sermón habrá.
Don Julián	Pues adiós, que me congojo de ver entierro.
Cartilla (Aparte.)	Él se va.
Don Clemente	Era grande amigo mío el muerto.
Don Julián	¡Oh! si hay amistad

tan grande; solo por vos
me iré con él a enterrar.

Cartilla (Aparte.) Enterrado te vea yo.

Don Julián (Aparte.) Estos me quieren dejar,
pues yo quiero despedirme
y seguirlos.

Cartilla Di que vas
a confesarte.

Don Julián Oís, amigo:
yo me llego aquí al Corral
a buscar un banco, que hoy
hay comedia nueva.

Don Clemente Andad,
a la tarde nos veremos.

Don Julián Si no hay banco, iré al desván,
que allí es el sitio mejor
paro poder murmurar;
adiós, amigo.

Don Clemente Él os guarde.

Don Julián (Aparte.) Seguírelos.

Cartilla Ya se va.

Don Julián (Aparte.) Veré porque no querían
que los siguiese.

Cartilla He de andar
hasta perdelle de vista
(si importa) todo el lugar.

Don Julián (Aparte.) Tras dél he de ir, aunque vaya
hasta la Cruz de Morán.

Don Clemente Ten cuidado no nos siga

Don Julián Adiós.

Don Clemente Adiós, don Julián.

(Vanse.)

(Salen doña Clara y Marichispa, criada.)

Doña Clara ¿Marichispa?

Marichispa ¿Mi señora?

Doña Clara Recado para lavar.

Marichispa Deja primero mudar
todos los trastos ahora.

Doña Clara Dame la arquilla.

Marichispa Repara
que aun queda mucho que hacer;
múdate.

Doña Clara Yo he menester
mudar primero la cara;

ea, quiérome lavar,
que tengo el rostro perdido
del gran polvo.

Marichispa
Aún no han traído
la botica de tocar.

Doña Clara
Tarde es.

Marichispa
¿Dormiste tan bien
como en la otra casa?

Doña Clara
Error;
yo solo me hallo mejor
cuando me mudo.

Marichispa
Haces bien.

Doña Clara
Poquísima gente pasa
por esta calle.

Marichispa
¿En qué has dado?
Oyes, ¿tienes ya pagado
el dinero de la casa?

Doña Clara
Don Sebastián me envió ayer
los cincuenta del medio año.

Marichispa
Capricho tienes extraño;
dime, ¿cuántos han de ser
los que admite tu afición?
Dime la verdad, señora.

Doña Clara
Cuatro son no más agora

los que asisten.

Marichispa
Pocos son.
Que tú sepas entenderte
con cuatro es lo que yo extraño.

Doña Clara
Pues ves, a ninguno engaño.

Marichispa
¿De qué modo?

Doña Clara
Desta suerte:
Muchos son, amiga mía
los piratas y cosarios
que en corso de mi belleza
surcan el golfo del Prado.
Apenas del puerto mío
las dos áncoras levanto,
y la nao de mi hermosura
se pone vergas en alto.
Cuando cercando mi coche
(que es mi nave) a un tiempo hallo
que hacen señal que me rinda
las naves de pie de palo.
Las naves de España allí
disparan por el costado
versos que me dan asombro
y no me dan sobresalto.
Mas como saben que soy
nave zorrera, disparo
un pido, con que echo a fondo
a un tiempo todas las naos.
Y si algún navío rindo,
me le llevo remolcando
a la isla Confitería

en el golfo de Leplanto.
Si algún cosario perdido
(de aquellos que yo he robado)
se quiere abrigar conmigo,
de mi bandera le aparto,
que el grande golfo de Ávido
solo es para los Leandros.
si algún bergantín encuentro
de bergantes y taimados,
que a vela y remo procuran
darme caza, me adelanto
hacia la playa Viteli,
adonde al piloto llamo,
y digo: ¿hay bajos aquí?
¿Surgiré en este playazo?
Bajos hay (responden luego),
pero como estos corsarios
no pueden sondar la playa,
peligran luego en los bajos.
Si llego...

Marichispa — Deja, señora,
las metáforas, y vamos
a ver quién es de tu gusto
el más decente cuidado.
¿Quieres a señores?

Doña Clara — Sí,
pero yo los he cobrado
un miedo como un amor.

Marichispa — Si son de un mesmo tamaño,
poco miedo los tendrás;
mas di, ¿un señor no honra un barrio?

¿No regala de continuo?
¿No quiere de cuando en cuando?
Y los señores que quieren,
¿no son fieles en amarnos?

Doña Clara — Mira, como son tan fieles,
entienden los pesos falsos
acá con mis escuderos
me entiendo, con mis hidalgos
me haga Dios bien, que a estos puedo
poner al menor enfado
de paticas en la calle,
si no se están en el patio.

Marichispa — ¿Quién son estos que hoy admites?

Doña Clara — Ya te he dicho que son cuatro,
llamo a los cuatro estos nombres.

Marichispa — Dilos.

Doña Clara — Son nombres extraños:
Cisneris, Cominarata,
Cis y Chapetón barbado.
Cisneris llamo al del gusto
éste es a quien quiero y amo,
que es un hijo de familias,
don Clemente de Montalvo,
aquel que gasta conmigo
tanto en plata como en cuartos.
Cominarata es un hombre,
que cuando busco prestado
sobre prendas, lo trae luego
y en dos pleitos que ahora traigo

es mi agente, y aun me busca
casa si mudarme trato.
Para esto tengo un Francisco
de Pantoja, un hombre honrado
que en Talavera no habrá
hombre de tan lindo barro.
Cis (mi tercero galán),
llamo al galán de mi gasto,
que en cuartos me contribuye
estipendio cuotidiano.
Éste es (ya tú le conoces)
cierto regidor de Almagro,
Juan Martínez de Caniego,
con quien agora afianzo
mi comida, porque este es
lego, llano y abonado.
Tengo una persona grave,
pretendiente y espetado,
que paga la casa y presta
el coche de cuando en cuando;
que se deja ver por meses,
y me regala por años.
Y éste que no llamo nunca
llamo Chapetón barbado,
sin otros amantes muchos,
que si llegan al reclamo
de mi pico, astutamente
les hago dar en el lazo;
verbi gracia don Julián,
que anteayer me dio un estrado
y estas seis sillas que ves,
y desde anteayer le llamo
el tonto de terciopelo,
sobre ser tonto aforrado

en baqueta de Moscovia.

Marichispa — Y este regidor de Almagro,
¿Cuánto te da cada día?

Doña Clara — No me preguntes el cuánto.

Marichispa — A mí sé que me da un pan.

Doña Clara — Y a mí me da un ordinario
que basta para el nocturno
y meridiano pasto.

Marichispa — ¿Quiéresle?

Doña Clara — ¿No ves que gasta?

Marichispa — Y de más a más ¿no da algo,
como vestido y pollera,
siquiera una vez al año?

Doña Clara — Él es la quinta miseria.

Marichispa — Es verdad, y hoy me ha contado
un ama que tiene en casa,
que come un pastel de a cuarto
a mediodía, y de noche
un poco de pan tostado.
No enciende luz en su casa,
antes, dice, que a otro cuarto
de un vecino suyo ha hecho
agujero con un clavo,
y con sola la luz que entra
por aquel sutil espacio,

hace todo cuanto es
en su casa necesario.

Doña Clara — Él tiene muchos doblones.

Marichispa — El ama los vio de paso,
y dio por señas que estaban
amarillos.

Doña Clara — No me espanto,
que como no salen fuera
deben de estar opilados.

Marichispa — ¿Qué admitas un miserable?

Doña Clara — Mira, no estás en el caso
mejor es un miserable
que tenga y no quiera darnos,
que no, aunque nos quiera dar,
quien no tiene, aunque sea franco;
que aquel puede dar, si quiere,
o de fino, o de obligado;
y éste, obligado ni fino
no dará sin poder darlo.
Y comúnmente se dice,
que los hombres que son sanos
mueren del primer achaque;
así los que son cuitados,
cuanto guardan de un ahorro
han de vomitar de un gasto.
Déjame tú a mí, que yo...
(Llaman a la puerta.) Pero a la puerta han llamado.

Marichispa — ¿Quién es?

(Sale don Clemente.)

Don Clemente
Yo soy.

Doña Clara
¿Don Clemente?

Don Clemente
¿Doña Clara?

Doña Clara
¡Dueño amado!
Cierra esa puerta, Chispilla,
llega, llégate a mis brazos;
dos días ha que no te veo,
dueño mío.

Don Clemente
Cierra el labio,
traidora, que ya encontró
mis sospechas con tu engaño.

Doña Clara
¿Qué dices?

Don Clemente
Que don Julián,
¡oh dueño mío, tirano!
es quien te cuesta más penas
que yo te debo cuidados;
es quien te merece fina,
y el que agora me ha contado
que por celos, ¿celos tienes?
(¿para cuándo, para cuándo
son las venganzas, si agora
en las quejas me embarazo?)
Te mudaste, di, ¿qué importa,
dueño mío soberano,
si es don Julián tu elegido,

que yo sea tu llamado?
Ya sé que amando tus soles
cuyas luces idolatro,
abogado de su pena
dice su amor en estrados;
tú le quieres, y él lo dice.

Doña Clara

Señor don Clemente, paso:
¿de cuándo acá vos celoso?
¿Vos de cuándo acá indignado
conmigo? Sabiendo vos,
que en el amor de acá abajo
nunca puede pedir celos
quien no los pide sobre algo.
¿Pobrecito, y muy celoso?
¿Vos pensáis que yo no valgo
más de aquello que yo os cuesto?
Ah noramala, templaos,
y, mirón de amor, tomad
lo que os dieren de barato.
Cuando estáis fino conmigo,
soléis decirme muy falso:
«Diosa mía»; si pensáis
que soy diosa, es grande engaño;
que animal soy racional,
y yo cómo, visto y calzo.
¿Traidora a mí, señor mío?
Pues ¿por qué no hacéis reparo,
que en vez de haberos vendido,
soy yo la que os he comprado?
Muy apriesa me celáis,
y a espacio me amáis: trocadlo,
queredme algo más aprisa,
y celadme más a espacio.

¿Celos con grillos? ¿y celos
al tono mismo del gasto?
¿Ya echa por medio tan presto
quien ha de echar por un lado?
No, mi señor don Clemente,
dejad los celos; seamos
amigos, como primero;
un tiempo apacible y manso
yo os vi hacer que no mirabais;
ya veis mucho, no veáis tanto
si queréis.

Don Clemente

El arroyuelo
que desciende del peñasco
en fácil quiebra se estanca;
va poco a poco cobrando
caudal de plata y después
de seis auroras al plazo
trincheras rompe de arena,
y cristalino soldado
por el prado y por el monte
lleva las flores a saco.
Con tibias luces la Luna
empieza trémulo astro
a escribir en la corona
del monte confuso el rayo.
La estrella borro su luz;
crece luego, y crece tanto
que celosa de las luces
de estrella vecina, al rasgo
lunar va dejando oscuros
renglones, que leyó claros,
Yo, a imitación de los dos
te adoraba tan templado,

que no pensé que tu amor
me costara un sobresalto.
No había crecido mi amor;
pero como voy cobrando,
como la Luna, más luz,
borrar hoy he procurado
estos que en el cielo mío
quieren parecer tus astros.
Y como arroyo mi amor
también se va despeñando,
porque le han dado caudal
las crecientes de mi llanto,
que no quiere quien no tiene
celos, si hay en qué fundarlos,
ni se estrecharon dos almas
si no se asegura un lazo.

Doña Clara

Don Julián (de quien recelas)
no me debe un agasajo;
antes para despedirle
le pedí para un estrado
(que este es para los que cansan
el ordinario despacho),
y él me lo trujo anteayer,
hasta que no habiendo hallado
modo para que me deje,
mudé casa, y mudé barrio,
y aun temo que me halle aquí.

Don Clemente

Eso no te dé cuidado,
que agora hacia Fuencarral
va siguiendo a mi criado,
y pienso que ha de llevarle
de Fuencarral a Palacio;

yo, me escondí en un zaguán.

Marichispa — Doña Beatriz de Bolaños
(que es la dueña de la casa)
baja a verte.

Doña Clara — ¡Qué temprano
ha tomado la visita
la casera!

Don Clemente
(Aparte.) — ¿Qué he escuchado?
Vive el cielo, que ha salido
del convento, y que si aguardo
a que baje y me halle aquí,
Recelo...

Doña Clara — ¿Qué, te has turbado?
¿Conoces a Beatriz? Di.

Don Clemente — No por tu vida; aquí espero.

Doña Clara — Di, ¿qué quieres hacer?

Don Clemente — Quiero
esconderme agora aquí,
que hallarme aquí no es razón,
ni es a tu fama decente.

Doña Clara (Aparte.) — ¿Quién le mete a don Clemente
en mirar por mi opinión?

Don Clemente — Yo me escondo.

Doña Clara ¿Dónde vas,
don Clemente? Espera.

Don Clemente Di,
¿Quién ha de mirar por ti
si no es quien te quiere más?
Yo me escondo.

(Escóndese)

Doña Clara Advierte, que...
(Aparte.) (El pesar me tiene muda.
Éste conoce, sin duda,
a doña Beatriz, ¿qué haré?
¡Oh, vil sospecha enemiga,
que a mi dolor atropella!)
(Sale Doña Beatriz.) ¿Beatriz?

Doña Beatriz ¿Doña Clara bella?

Doña Clara ¿Queréis sentaros?

Doña Beatriz No, amiga.

Doña Clara Sentaos, haced lo que os ruego
por la vuestra y por mi vida.

Doña Beatriz A daros la bienvenida
vengo no más, y a irme luego.
No he visto hermosura igual.

Doña Clara Poco estimáis a la vuestra.

Doña Beatriz Esta es la llave maestra

deste cuarto principal.

(Dale una llave.)

Doña Clara (Aparte.) Que ni un remedio no halle
para sabello más bien.

Doña Beatriz (Dale otra.) Esta es la llave también
de la puerta de la calle.
Mandad a vuestra criada
(pues ya vuestra virtud sé)
que antes de la noche esté
toda la casa cerrada.
Mi opinión estimo más
que cuanto darme podéis.

Doña Clara En mi casa no veréis
un hombre solo jamás.

Doña Beatriz Mucho por esto os estimo.

Doña Clara Yo soy la que en esto gano.

Doña Beatriz ¿Nadie es visita?

Doña Clara Mi hermano
no más, y tal vez mi primo.

Doña Beatriz Vos sois en todo un milagro.

Doña Clara Daros es justo ese nombre;
¡Ah, sí! también un buen hombre.

Doña Beatriz ¿Quién?

Doña Clara — Un regidor de Almagro.
No hay más entrante y saliente
que éste, que es un hombre llano,
tres amigos de mi hermano,
y otro hidalgo, que es mi agente.

Doña Beatriz — Muchos son ya, Clara bella.

Doña Clara (Aparte.) — (A saber mis celos voy.)
¿Qué estado?

Doña Beatriz — Doncella soy.

Doña Clara — Cara tenéis de doncella;
y me dijeron de vos...

Doña Beatriz — Decid, bien podéis hablar.

Doña Clara — Madrid, maldito lugar;
¡qué lenguas, fuego de Dios!

Doña Beatriz — Hablad, lo que fuere sea.

Doña Clara — Dejadme acordar.

Doña Beatriz — Si haré.

Doña Clara — Que un don Clemente ¿de qué?
De Montalvo, os galantea.

Doña Beatriz
(Aparte.) — (Volver por mi opinión quiero,
que le adoro callaré.)

¡Ah, si! amiga, ya yo sé...

Doña Clara ¿Quién es?

Doña Beatriz Es un majadero,
que ha dado en no me dejar;
yo no sé qué ha visto en mí
(Aparte.) (Dél me he de vengar así),
y aun no quiere escarmentar
en mi condición cruel.

Doña Clara ¡Ved qué lenguas hay aquí!
Y me dijeron a mí
que os moríades por él.

Doña Beatriz Dama que le quiere bien
lo diría.

Doña Clara Errada estás.

Doña Beatriz
(Aparte.) (Esta vez quiero no más
aprovechar un desdén.)
Él es quien me tiene amor,
y así advertid, doña Clara...

Doña Clara (Aparte.) Miren aquí de qué cara
se enamoro aquel traidor.

Doña Beatriz Que si más amante y ciego,
a decirse descomide...

Marichispa Licencia para entrar pide
Juan Martínez de Caniego.

Doña Clara (Aparte.) Dile que entre (esto ha de ser,
hoy me he de vengar así;
¿qué haya quien me logre a mí,
y procure otra mujer?
¡Oh, ingrato! ¡oh, falso! ¡oh, traidor!
Tomar la venganza espero.)

Doña Beatriz ¿Quién es este caballero?

Doña Clara El que os dije, el regidor.

Doña Beatriz Pues voyme.

Doña Clara (Aparte.) ¿Cómo resisto
dos penas? ¿tormentos dos?

Doña Beatriz Adiós, doña Clara.

Doña Clara Adiós.
¡Vive amor...

(Sale Juan Martínez de Caniego, vestido bastamente.)

Juan Loado sea Cristo.

Doña Clara Juan Martínez, mi señor.
(Aparte.) (Agora, viven los cielos,
con celos me he de vengar.)
¿Qué os parece el cuarto?

Juan Bueno.

Don Clemente (Al paño.)

¿Qué hombre de antaño es aquel
que ha entrado en visita?

Juan — Cierto
que me parece este cuarto
muy bien.

Marichispa — ¿Es porque es estrecho?

Juan — ¿Cuánto os cuesta, doña Clara?

Doña Clara — Cuesta cien ducados.

Juan — ¡Fuego!
Tasalle en pasando el año,
o trampear antes medio.

Doña Clara — Tasar la casa es de gente
sin palabra.

Juan — Bueno es eso;
pues yo he tasado una casa,
y de un año me volvieron
cien reales, siendo no más
el alquiler de trescientos.
Y ahora otra nueva demanda
tengo puesta a mi casero.

Doña Clara — ¿Qué es?

Juan — Él me arrendó la casa
para vivirla, y yo he hecho
cuenta del tiempo que he estado
fuera de casa; pues quiero

que el tiempo que yo estoy fuera
no se me cuente aquel tiempo
que yo no vivo en la casa,
sino es cuando vivo dentro.

Marichispa — Y otra demanda también
le puede poner.

Juan — Di presto.

Marichispa — Él te alquiló chimenea
para que guises.

Juan — Es cierto.

Marichispa — Pues si no te sirves della,
haz que te vuelvan el precio
que vale la chimenea
por un año.

Juan — Has dado en ello;
¿cuántas piezas tiene?

Doña Clara — Cinco.

Marichispa — Y seis con él.

Juan — Me contento
con ser pieza en esta casa,
por serlo deste tablero.

Marichispa — ¡Ay, que jugo del vocablo!
¡Qué donosura!

Juan — Y yo pienso,
que nadie podrá soplarme
la dama como yo juego.

Marichispa — Si come la dama nadie
te la soplará.

Juan — Por eso.

Doña Clara — Juan Martínez de mi vida...

Don Clemente
(Aparte.) — ¡Lindo nombre de requiebros!

Doña Clara — Cuando no fuera tu talle,
tu divino entendimiento
prenderá los corazones.
¡Qué arte! ¡qué talle! ¡qué aseo!
Pues luego, ¿no es fijo amante,
no es valiente, no es atento;
y luego, no es generoso?

Juan — Eso es lo peor que tengo.

Doña Clara — Señor mío, no gastar,
y saber un hombre cuerdo
guardar un cuarto, si importa...

Juan — ¿Luego dará este consejo
una taimada que quiera
dejar un amante en cueros?
La honra desta mujer
me atraerá con un cabello.

Marichispa

¡Ah Juan Martínez!

Juan

Muchacha,
¿Qué dices?

Marichispa

¿No esteraremos
todo este cuarto?

Juan

Está ya
muy adelante el invierno.

Marichispa

Diciembre es, tres meses faltan.

Juan

¿En esteras mi dinero?
Eso es querer que yo arroje
mi hacienda por esos suelos.

Don Clemente
(Aparte.)

Éste en las señas y en el talle,
es el acreedor primero;
si esto gasta el que es del gasto,
yo quiero gastar lo mesmo.

(Sale Leonor.)

Leonor

Doña Beatriz de Bolaños
dice, que en aquel talego
(que ha contado agora) faltan
veinte y seis reales y medio,
que le hagáis gusto de enviarlos.

Doña Clara

¿Contaron bien el dinero?

Leonor

Cuarto a cuarto le han contado.

Doña Clara ¿Tiéneslos tú?

Juan No los tengo.

Doña Clara ¿Qué he de hacer?

Juan Responde tú,
que te dé una puerta menos.

Leonor ¡Por Dios linda menudencia!

Doña Clara Di de mi parte, que luego
los subirá Sebastiana.

(Vase Leonor.)

Juan ¿Veinte y seis reales y medio?
No vale más en Almagro
una casa; ahora yo quiero
ver todo el cuarto, por ver
si lo vale el cuarto.

Doña Clara Quedo,
no entréis allá, que de trastos
está lleno el aposento.

Juan Yo he de entrar.

Don Clemente (Al paño.)
Yo me retiro,
no me vea.

Doña Clara Vuelve luego,

y le verás más despacio.

(Sale un Ganapán.)

Ganapán — Nuestra ama, ¿dónde pondremos
estos cofres?

Doña Clara — Otro carro
ha venido.

Juan (Aparte.) — (Irme deseo,
no pidan para beber
los ganapanes.) Ya entiendo
que se hace hora de comer.

Doña Clara — ¿Has de volver?

Juan — En comiendo.

Marichispa — Bien poco lleva que hacer.

Juan — Adiós, Clara.

(Vase)

Doña Clara — Vuelve presto.
Agora me he de vengar,
salid acá, caballero,
Ciencontinuo de las casas
de Castilla.

(Sale Clemente.)

Don Clemente — ¡Qué tenemos!

Doña Clara Traidor, infame...

(Quiere embestir a darle.)

Don Clemente Hablen labios,
y callen manos.

Doña Clara No quiero,
guedejas no han de quedarte.

Don Clemente Detén las manos; porque eso
es querer tomar ahora
la ocasión por los cabellos.

Doña Clara En fin, ¿es doña Beatriz
el dignísimo sujeto
que adoráis?

Don Clemente ¿Y Juan Martínez
quién es?

Doña Clara Decidme primero,
si a doña Beatriz queréis.

Don Clemente ¿Cómo puedo responderos
con un regidor de Almagro
a la vista?

Doña Clara Deteneos;
¿celos de un hombre como éste?
Tú sí, traidor...

Don Clemente No os entiendo,

	¿celos me queréis pedir, y que yo no os pida celos?
Doña Clara	¿Somos todos unos?
Don Clemente	No, porque yo no quiero empeño con dama de un regidor; adiós, Clara Ayuntamiento.
Doña Clara	Adiós el de la Beatriz, que si a buena luz la veo, parece que se ha soltado de alguna copia del Griego.
Don Clemente	No es hermosa por lo más mas quiéreme por lo menos.
Doña Clara	No es muy galán mi galán, pero es de dura y provecho.
Don Clemente	¿Quién puede ser quien se llama Juan Martínez de Caniego?
Doña Clara	La dama es muy como vuestra.
Don Clemente	Y el galán muy como vuestro.
Doña Clara	Esto se ha acabado ya.
Don Clemente	¿Pues cuándo ha empezado esto?
Doña Clara (Aparte.)	¡Que le deje y no lo sienta!

Don Clemente
(Aparte.) ¡Que no llore aunque la dejo!

Doña Clara Llévese ucé su retrato;
no haya escarpín.

Don Clemente Eso quiero;
(Aparte.) (Rabiando de celos voy.)

Doña Clara (Aparte.) Muriendo de enojo quedo.

Fin de la primera jornada

Jornada segunda

(Salen don Clemente y Cartilla.)

Cartilla ¿Eso pasa?

Don Clemente Sí, Cartilla.

Cartilla ¿Qué Clara te despidió?

Don Clemente No me espanto, que es mujer.

Cartilla Y más mujer que otras dos.

Don Clemente No me puedo despicar.

Cartilla No entiendo tu condición:
doña Hipólita te busca,
y no te pide; Leonor
te regala, y no te cela;
Beatriz tiene linda voz,
¿y te vienes a Clarilla?

Don Clemente ¿Qué quieres? Téngola amor.

Cartilla ¿Es por fácil o por buena,
o por Clara?

Don Clemente Qué sé yo;
porque hay otros que la quieran.

Cartilla Mira no haces bien, por Dios:
Clara no es cesta de fruta
puesta en la Puerta del Sol,

que porque la compran muchos
has de pensar que es mejor.

Don Clemente

Hipólita no merece
que la aborrezca; mas yo
no sé aborrecer a Clara,
ni me hallo cuando no soy
o fineza de su halago,
o desdén de su rigor.

Cartilla

Si la quieres por barata,
más cara te sale hoy;
gastar confieso que es malo,
pero sufrir es peor.

Don Clemente

Con achaque de las Pascuas
tengo determinación
de enviar agora un regalo;
¿vendiste el salero?

Cartilla

¡Oh!
Véndele tú, que no quiero
que me prendan.

Don Clemente

¿Por qué no?
¿Quién te ha de prender?

Cartilla

Tu padre
que en la platería hoy
hacía por su salero
apretada inquisición.
Si le vieras desalado
ojear todo aparador
de platero, y por la plaza

de allí a un instante pasó,
y viendo la horca puesta,
por el salero clamó,
diciendo: aquí ha de venir
a parar aquel ladrón.

Don Clemente — ¿Cuánto pesa?

Cartilla — Doce onzas,
que viene a ser en vellón
más de ciento y treinta reales.

Don Clemente — Trae dos cajas de turrón
de Alicante.

Cartilla — Son cuarenta.

Don Clemente — Dos pavos.

Cartilla — Son treinta y dos

Don Clemente — Cuatro pares de perdices.

Cartilla — Son veinte y ocho.

Don Clemente — Pues pon
los veinte reales de dulces.

Cartilla — Todo lo yerras, señor;
mira, si la envías dos pavos,
Clara (es más claro que el Sol)
envía uno a cierta vieja,
y otro a cierto Chapetón
para coger con el pavo

otro regalo mayor:
a su agente las perdices;
una caja de turrón
a una vecina, y la otra
a otro solicitador
para dar a los que piden
de beber la colación;
con que tu padre se queda
sin salero, tú, señor
sin padre, Clara sin todo,
y todos, que es lo peor,
el uno con tus perdices,
la otra con tu turrón,
con tus pavos uno y otro,
y sin dinero tú y yo.

Don Clemente ¿Qué he de hacer para que luzca
el dinero?

Cartilla Hazlo vellón.
Y entra con tu esportillero
a darlo.

Don Clemente Mala elección,
en plata se lo he de dar.

Cartilla No hagas tal.

Don Clemente Tengo temor,
que al dar mis reales de a ocho,
no ha de creer que lo son.

Cartilla ¿No quieres que los conozca?

Don Clemente

Mira, las damas de hoy
el real de a ocho del pobre
le tienen por real de a dos;
y el real de a ocho del rico,
les parece que es doblón.

Cartilla

Oyes, dáselo en salero;
¿vas hacia allá?

Don Clemente

A verla voy.

Cartilla

Pues si ella te siente blando,
lo echas a perder, por Dios.

Don Clemente

Yo la he de ir a ver de modo,
que no presuma que voy
por ella; cuéntame en tanto
todo lo que te pasó
con don Julián.

Cartilla

Que me entré
en San Luis, y él me signó;
que me puse en un altar
con muy grande devoción
a rezar, y don Julián
rezaba más que no yo.
Salí a la calle después,
y fue tras mí; a un bodegón
me entré huyendo, y a la puerta
más de un hora me esperó.
¿Qué hago? Hago cuenta que riño,
echo a huir como un león,
yo apreté con la carrera,
y él con el paso aflojó.

Don Clemente — Si en el portal no me escondo,
no me ha dejado hasta hoy.

Cartilla — Ya hemos llegado a la casa.

Don Clemente — Pues mira si en el balcón
de Beatriz hay quién nos mire
por las celosías.

Cartilla — No.

Don Clemente — A Hipólita temo más,
que anoche salir me vio
de casa de doña Clara.

Cartilla — ¿Dístela satisfacción?

Don Clemente — Y de doña Clara dije
mil faltas, que ella creyó.

Cartilla — Con eso la quedaría
quietísimo el corazón,
ahora nadie te ha seguido.

Don Clemente — Entra, Cartilla.

Cartilla — Allá voy;
llamo a la puerta.

Marichispa (Dentro.) — ¿Quién es?

Cartilla — Si es.

Marichispa ¿A quién busca?

Cartilla A vos.

Marichispa Dígame quién es primero.

Don Clemente Abre, muchacha, yo soy.

(Abre la puerta.)

Marichispa ¡Oh, mi señor don Julián!
Entrad y esperad, ya voy
a llamar a mi señora.

Don Clemente ¿Cartilla, oíste la voz?
Que soy don Julián presume.

Cartilla Entra y siéntate, señor,
y juega con doña Clara
cuando salga, a Luna y Sol,
que es un juego de muchachos
donde entra el buen bofetón.

Don Clemente ¿Que haya hombre honrado que dé
golpes a mujeres?

Cartilla Yo.
La que me pone dos huesos
en la frente sin dolor,
más abajo de la frente
la pongo cinco por dos.

Don Clemente Entra.

Cartilla Entro.

Don Clemente Don Julián
hoy verá mi indignación.

(Sale doña Clara.)

Doña Clara Dueño mío, don Julián;
¿Qué es lo que he visto?

Don Clemente No soy,
sino don Clemente, Clara.
Quien confiesa que debió
tanta mentira a tus ojos
como verdad a tu voz.

Doña Clara Pues mi señor don Clemente...

(Sale Marichispa.)

Marichispa (Aparte.) Bien mi ama le engañó
dando a entender que le hablaba
por don Julián.

Doña Clara ¡Cómo! ¿vos
(Aparte.) en mi cuarto? (Éste me adora.)
(Aparte.) Responded. (Linda ocasión
de picarle; ve al zaguán,
y si viene el regidor
avísame luego, al punto.)

Cartilla Baja, alcahueta.

Marichispa Yo voy.

(Vase.)

Doña Clara ¿Decid, qué queréis?

Don Clemente Que sepas
que he venido a buscar hoy
razón para no quererte,
y hoy me has dado la razón;
y aunque a tus luces rendido,
fino parecí y constante,
no entré en tu casa de amante.

Doña Clara ¿Pues de qué?

Don Clemente De agradecido.
Yo, Clara, nunca he intentado,
nunca yo he tenido amor;
hacer tema y pundonor
en dejar o ser dejado.
Antes porque no te quejes,
darme el parabién ofrezco,
que importa, si te aborrezco,
que seas tú la que me dejes:
tú la olvidada serás,
y yo el feliz.

Doña Clara Si es así,
dime, ¿a qué has venido aquí?

Don Clemente Si me escuchas lo sabrás.
Vengo a traerte...

Doña Clara ¡Oh, traidor!

Don Clemente (Sácale.)

Para no acordarme dellos,
Este cordón de cabellos,
que me diste por favor.
Papeles que merecí
también te vengo a traer.

Doña Clara

No tenía yo que hacer
cuando te los escribí.

Don Clemente (Aparte.)

¡Más desdenes, dolor más!

Doña Clara (Aparte.)

Mejor así me ha vengado.

Don Clemente

Yo anduve tan ocupado
que no las leí jamás.

Doña Clara

Ni me enojas ni provocas
oyendo tus groserías;
muchas ternezas leerías;
pero verdades muy pocas.

Don Clemente

Yo te he visto enamorada
no dejarme noche y día.

Doña Clara

¡Gran confianza! Bastaría
que estuviese bien hallada.

Don Clemente

Lindo término has hallado
para responderme.

Doña Clara

Y di:
cuando reñiste por mí,

di, ¿qué estabas?

Don Clemente Inclinado.

Doña Clara ¿Inclinado? Bueno a fe;
mejor término buscaste.

Don Clemente ¿Y el día que te sangraste
solo porque me sangré?

Doña Clara No te lo puedo negar.

Don Clemente ¿No era amor? ¿Por qué lo hacías?

Doña Clara Porque había muchos días
que me quería sangrar;
yo a media noche escucharte
junto a mis rejas solía.

Don Clemente Iba a otra parte, y hacía
la seña para engañarte.

Doña Clara Tu odio llego a conocer.

Don Clemente Ya sé tu aborrecimiento.

Doña Clara ¿Los suspiros qué eran?

Don Clemente Viento.
¿Las lágrimas?

Doña Clara De mujer.

Don Clemente Yo, Clara.

Doña Clara Vete de aquí,
acaba.

Don Clemente Ya me iba yo.

Doña Clara (Aparte.) ¿Que, en fin, éste me engañó?

Don Clemente (Aparte.) ¿Clara no me quiso a mí?

Doña Clara ¡Ah, ingrato!

Don Clemente ¡Ah, falsa, ah, cruel!

Doña Clara ¡Ay mujer tan infeliz!
Vaya a ver a su Beatriz,
que es sujeto para él.

Don Clemente No es doña Clara más bella.

Doña Clara Si soy tal, por vida mía.

Don Clemente Beatriz, aunque es algo fría,
es segura.

Doña Clara Tal es ella.

Don Clemente ¿El agua de Almagro (¡ah cruel!)
diz que hace digerir?

Doña Clara No,
porque aunque la bebo yo,
no le he digerido a él.

Don Clemente	Pues los dos para otros dos.

(Hace que se va.)

Doña Clara	No volviera.

Don Clemente	No llamara;
adiós, la señora Clara.

Doña Clara	El señor Clemente, adiós.

Don Clemente	Vos sois dama muy hermosa,
y que he de estorbaros ved.

Doña Clara	Señor mío, es vuesarced
para estorbar poca cosa

Don Clemente	Si yo os quisiera, sospecho
que hiciera...

Doña Clara	Lindo ademán.

Don Julián (Dentro.)	¿Doña Clara de Guzmán,
posa aquí?

Cartilla	Buena la has hecho;
sal presto.

Doña Clara	Aguardad, detente.
(Aparte.)	Aquí vive. (Por los cielos
que le he de abrasar a celos.)

(Sale don Julián.)

Don Julián ¡Gracias a Dios! ¿Don Clemente?

Don Clemente ¿Amigo?

Don Julián ¿Aquí estáis?

Don Clemente
(Aparte.) ¿Qué haré?
Ella le llamó, ¡ah, traidora!

Don Julián ¿Qué hacéis aquí?

Don Clemente Vine agora.

Doña Clara Esperad, yo os lo diré.
Pensó aqueste caballero
que estaba el cuarto vacío,
y entró a verle.

Don Julián Amigo mío,
¿casa os falta? Daros quiero
un cuarto en mi calle, que es
el mejor que hay en Madrid;
Clara, ya vuelvo; venid
a verle.

(Tírale de la capa.)

Don Clemente Iremos después.

Cartilla Vive el cielo que me río
de hombre tan impertinente.

Don Julián — Clara, habla con don Clemente,
que es un grande amigo mío.

Don Clemente (Aparte.) — Agora, celos, agora.

Doña Clara (Aparte.) — Vengáreme.

Don Julián — Llega.

Don Clemente — Ved...

Doña Clara — Conózcame vuesarced
por su mayor servidora,
pues basta...

Don Clemente (Aparte.) — ¡Qué es lo que escucho!

Doña Clara (Aparte.) — (Hoy mi venganza verán.)
Ser amigo de Julián
para que yo os quiera mucho.

Don Clemente — La merced debo estimar,
y que me hallaréis espero
en este cuarto primero
(Señala arriba.) cuando me queráis mandar.

Don Julián — ¿Cuyo es?

Doña Clara (Aparte.) — ¡Oh, celos villanos!

Don Clemente — De una prima mía es.

Don Julián ¿Vais a verla?

Don Clemente Sí.

Don Julián Después
La iré yo a besar las manos.

Doña Clara ¿Pues agora qué he de hacer?

Don Clemente ¿Qué aguardáis?

Don Julián ¿Me esperáis?

Don Clemente (Aparte.) Sí;
(Don Julián se queda aquí.)

Doña Clara (Aparte.) A doña Beatriz va a ver.

Don Clemente ¿Habéis de venir?

Don Julián Sí, amigo,
esperadme.

Doña Clara (Aparte.) Ya se va.

Don Clemente Venid presto.

Doña Clara Luego irá,
que agora queda conmigo.

Don Clemente Adiós.

Doña Clara (Aparte.) ¡Oh, viles recelos!

Don Clemente ¿Qué hay que hacer?

Doña Clara ¿Qué hay que esperar?

Don Clemente
(Aparte.) Con celos me he de curar.

(Vase.)

Doña Clara (Aparte.) Celos se curan con celos.

Don Julián ¿Fuese ya?

Doña Clara Sí, ya se fue.

Don Julián Pues salga desde el secreto
del corazón basta el labio...

Doña Clara Esperad, sentaos primero,
que tengo mucho que hablaros.

Don Julián Yo soy el que...

Doña Clara Deteneos,
hablad quedo.

Don Julián La razón
nunca sabe hablar mas quedo.

(Al paño don Clemente y Cartilla.)

Don Clemente Entra, Cartilla.

Cartilla Sí haré.

Don Clemente — A ese aposento primero
ve pasando poco a poco.

(Pasan por detrás de las dos sillas los dos.)

Doña Clara — ¿Qué decís? que no os entiendo.

Don Julián — Yo me explicaré con vos.

Don Clemente — Pisa sin ruido.

Cartilla — Más temo
a su olfato que a su oído.

Don Clemente — Ya llegamos.

Cartilla — Entra dentro.

Doña Clara — Pues veamos en qué fundáis
vuestra queja.

Don Clemente — Escucha atento.

Don Julián — Mi señora doña Clara
de Guzmán, que guarde el cielo
tantos años, como son
los apasionados vuestros...

Cartilla — No se morirá jamás.

Don Julián — Ya os acordáis...

Doña Clara — No me acuerdo

de nada.

Don Julián

Yo sí, señora,
y que feriara os prometo
un poco de mi memoria
a un poco de entendimiento.
Digo, pues, que habrá dos meses,
poco más o poco menos,
que viéndoos ir al estribo
de un coche, quedé tan muerto
de ver por las celosías
del manto un lucero negro,
que me echaron de ver todos
ser mi mal, mal de ojo vuestro;
díjeos siempre que pasaba,
muy mentiroso y muy tierno,
mil necedades pulidas
que allí pasan por requiebros.
Hablásteisme muy afable,
celebrasteis un soneto
que os dije, con estrambote
sobre el estribillo puesto;
seguí el coche a vuestra casa,
trasladé un papel que tengo
que viene a todas las damas.
¿No escribisteis luego, luego?
Busqué luego a cierto amigo
que hace versos, y muy cuerdo
me hizo un romance peinado,
y tanto que vino a pelo.
Respondisteis al romance
en vuestro latín; mas pienso,
que el latín de las mujeres
nunca ha menester comento.

Dísteisme entrada una tarde,
entré en vuestra casa a veros;
vendísteisme la fineza,
yo la fineza agradezco.
Pedísteisme no sé qué,
di lo que pedisteis luego,
y ya el respeto perdido
(que siempre ocasiona a esto
la que pide), más hallado,
me fui a aprovechar del ruego.
Que con respeto os tratase,
dijísteis, y menos ciego,
conocí que erais mujer
que tendría su respeto.
Fuísteis dando plazos largos
a mi amor y mi deseo,
yo muy fino de picado
me empeñé en amaros, viendo
muchas señas de posible
con algunas de no serlo,
hasta que con verme un día
que de fino estaba recto,
me tirasteis una herida
tan franca hacia mi dinero
que doña Blanca os llamé
de Narváez y Pacheco.
Trújeos un estrado y sillas
de baqueta y terciopelo,
y desde este día os tuve
por mujer de mucho asiento.
Premiásteis mi voluntad;
y más ufano del premio
quise llevaros tras mí,
móvil de vuestros dos cielos.

Hasta que con solo el plazo
de un día que no fui a veros
me dísteis salto de mata
por no aguardar a otro ruego.
Fuime a la Puerta del Sol,
y uno de los que trujeron
la ropa, me dijo adonde
vivís, y saber espero
cómo sin decirme nada
me dejáis, y si es bien hecho.

Doña Clara

Señor don Julián de Mata,
si me escucháis...

Don Julián

Nada os creo;
salto de mi nombre, ¿a mí
con alhajas de por medio?
Señora, ¿a mí que las compro,
decís, a mí que las vendo?

Doña Clara

Digo, que yo me empeñaba
en amaros y en quereros,
tanto, que a mí me temía.

Don Clemente
(Aparte.)

Cartilla, ¿qué dices desto?

Doña Clara

Y en viéndome enamorada,
para templar este incendio
resueltamente me quise
aprovechar de un despecho,
y dije: Yo he de morir
agora, si verme dejo
del basilisco; pues muera

sin mirar aquello mesmo
que es lo que yo quiero más;
los ojos acostumbremos
a no mirar lo que quieren
y no se le dé al deseo
rienda, con que desbocado
se precipite, soberbio.
De ti huyo, porque te adoro,
y retirada al secreto
de mi dolor, solicito...

Don Julián

Doña Clara, no os entiendo.
¿Por qué me queréis huir?
Perdonad, que no agradezco
que me hagáis tanto favor;
y así, suplicaros quiero,
que porque yo os deba más
me queráis un poco menos.

Cartilla (Aparte.)

¿Oyes? Envía los pavos
y el turrón.

Doña Clara

Y demás desto,
sabed, señor, que en mi casa
tengo un empeño.

Don Julián

Eso es bueno;
yo en casa de un mercader
tengo por vos otro empeño.

Doña Clara

Vos, señor, a todas horas
no podéis verme.

Don Julián

Sí puedo.

Doña Clara — Porque a un riesgo os exponéis.

Don Julián — Yo nunca temo los riesgos.

Doña Clara — Yo tengo una obligación.

Don Julián — Yo hice otra.

Doña Clara — Ya estás grosero,
y yo no vendo favores.

Don Julián — Yo los compro por lo menos

Doña Clara — ¿Qué me queréis, don Julián
cada día aquí? ¿Qué es esto

Don Julián — Cada día veo aquí
mi estrado de terciopelo
y mis sillas.

Doña Clara — ¿Qué ha costado?

Don Julián — Tres mil de plata.

Doña Clara — ¿Y qué es esto
para un favor?

Don Julián — Mi señora,
vos no habéis visto en talegos
lo que montan en vellón;
yo sí, que anduve con ellos
contándolos por menudo
y dándolos por entero.

Doña Clara Pues ved...

Marichispa Ya entro por la calle
Juan Martínez de Caniego.

Doña Clara Escondeos en esa pieza,
don Julián.

Marichispa Buena la has hecho.

Don Julián Yo no juego al escondite
con las damas.

Doña Clara Ved que arriesgo
mi honor y fama por vos.

Don Julián ¿Quién es ese caballero?

Doña Clara Es que hoy me debe mi honor.

Don Julián ¿Es eso verdad?

Doña Clara Es cierto.

Don Julián ¿Y podré, si él no me viese,
veros siempre?

Doña Clara Yo lo ofrezco.

Don Julián ¿Y me queréis?

Doña Clara Yo os adoro.

Don Julián — Pues perdonad, que no puedo.

Doña Clara — Hombre, ¿qué quieres de mí?

Don Julián — Señora, ¿qué privilegio
han ganado las mujeres
para dejar, en queriendo
dejar, y para obligar
si nosotros no queremos?

Doña Clara — Don Juan, que sube.

Don Julián — Que suba.

Doña Clara — ¿Qué intentas?

Don Julián — Agora quiero
hacerme amigo del que es
sea quien fuere.

(Sale Juan.)

Juan — Laus Deo.

Cartilla (Aparte.) — El Regidor en campaña.

Juan — ¿Qué hace aquí este caballero?

Doña Clara — Dice que este cuarto es suyo,
que tiene hecho arrendamiento
a doña Beatriz Bolaños
por un año; y muy resuelto
viene a decir que me mude,
porque él tiene hecho primero

escritura para el cuarto.

Juan ¿Dos escrituras ha hecho?

Don Julián Y la mía es anterior
por derecho.

Juan Sí por cierto;
pero en provincia os dirán
si tenéis mejor derecho,
que este no es el escritorio.

Don Julián Yo solamente en mi acero
fundo mi justicia, y hoy
a quien lo impida...

(Empuñan las espadas.)

Cartilla Esto es hecho.

Juan ¿Sabéis que soy Regidor
de Almagro?

Don Julián ¿Y qué sois con eso?

Juan Hombre, ¿no sabéis que soy
Juan Martínez de Caniego?

Don Julián ¡Amigo del alma mía!

Juan ¿Amigo?

Don Julián Viven los cielos
que si a mi padre encontrara

no me holgara más.

Juan ¿Qué es esto?

Don Julián Mas qué ¿no caéis en mí?

Juan No caigo, pero tropiezo.

Don Julián ¿No os acordáis que en Almagro
comí con vos?

Juan No lo creo.

Don Julián Cuando yo pasé a Granada,
¿no os acordáis del cortejo
que me hicisteis?

Juan ¿Cuánto ha?

Don Julián Habrá un año.

Juan No me acuerdo.

Don Julián Quien recibe el beneficio
se ha de acordar dél.

Juan Yo pienso
que debe de ser verdad;
(Aparte.) digo que sí. (¿Yo qué pierdo
en que este hombre sea mi amigo?)

Don Julián ¿Cómo quedan vuestros deudos?
Que a todos les debo mucho.

Juan — Gracias a Dios, todos buenos.

Don Julián — ¿Nunca os hablaron de mí?

Juan — Dos mil recados me dieron
para vos.

Don Julián — ¿Y cómo está
esa mi señora?

Juan — Quedo;
que yo nunca fui casado.

Don Julián (Aparte.) — (Cogiome.) Preguntar quiero
por aquella mi señora...
¿Ya me entendéis?

Juan — Ya os entiendo.

Doña Clara — ¿Qué dama es esa?

Juan — Mi hermana.
(Aparte.) (Este hombre sabe un secreto
que a ninguno he revelado;
por el siglo de mi abuelo
que se lo he contado yo,
aunque agora no me acuerdo.)

Don Julián — ¡Qué casa tiene en Almagro
el señor Martínez!

Juan — Eso,
la mejor que hay en la Mancha.

Don Julián ¿Pues luego no tiene el pueblo
en un puño?

Marichispa Y en un puño
lo tiene todo.

Juan (Aparte.) Creer quiero
que este hombre es mi grande amigo;
pero lo que yo no creo
es que haya sido mi huésped.

Doña Clara Muchacha, trae luces presto,
que anochece ya.

Marichispa Aquí están.

(Vase.)

Don Julián Venid, que llevaros quiero
A mi casa a que cenéis
conmigo.

Juan Yo nunca ceno.

(Sale Marichispa, con luces.)

Marichispa Buenas noches.

Juan Lindas velas.

Don Julián Las de Almagro para eso
que allí las traen de Jaén,
como de cera.

Juan Ello es hecho.

Don Julián Ea, venid a cenar
conmigo.

Juan Ahora no puedo.

Don Julián Cierto que sois hombre corto.

Marichispa Él siempre lo es.

Don Julián Fuera bueno
que se dijera en Madrid,
que cuando en Madrid os veo
no os llevo a mi misma casa
a cortejaros.

Doña Clara Ya es eso
no estimar vuestros amigos.
Id con él.

Juan Ya os obedezco.
¿Qué pierdo en ir a cenar?
¿Soy yo el que a cenar le llevo?
Ea, manos a la obra.

Don Julián No creeréis lo que agradezco
tal merced.

Juan Soy vuestro amigo.

Marichispa Y lo será muy estrecho.

Juan Válgate Dios, por amigo.

Don Julián (Aparte.) Así he de saber qué empeño
tiene el señor Juan Martínez
con doña Clara.

Juan (Aparte.) (Yo quiero
dejar los catorce reales
por si esta noche no vuelvo.)
¿Marichispa?

Marichispa Señor mío.

Juan Llégate acá...

(Dáselos en un papel por un lado.)

Ya os entiendo.

Don Julián Ea, ¿no vamos?

Juan Ya voy.

Marichispa ¿Y mi pan?

Juan Ahí va en dinero.
Alto, a cenar.

Doña Clara (Aparte.) Él se ahíta.

Don Julián Señora, guárdeos el cielo.
Yo soy don Julián de Mata,
y siempre al servicio vuestro.

Juan ¿Don Julián de Mata sois?

otra vez a daros vuelvo
estos brazos en albricias
de haberos hallado.

Don Julián ¿Luego
no me habíais conocido?

Juan Mirad cuál soy, no por cierto.

Don Julián ¿Esto me decís?

Juan Agora
acabo de conoceros.

Don Julián Pues ea, vamos a mi casa.

Juan ¿Posible es que os hablo y veo?

Don Julián Adiós, señora.

Juan Adiós, Clara.

Doña Clara ¿Quién es este caballero?

Juan Es un grande amigo mío.

Doña Clara ¿Que tanto habrá que lo es vuestro?

Juan Yo no le he visto otra vez;
pero ha muchísimo tiempo.

(Vanse los dos.)

Marichispa Ya se, fue pan y catorce.

Doña Clara — ¿Fuéronse ya?

Marichispa — Ya se fueron.

Doña Clara — ¿Cuando en el zaguán estabas
viste salir..

Don Clemente (Aparte.) — Oye atento.

Doña Clara — ¿A don Clemente?

Marichispa — Yo no.

Doña Clara — ¿Ni al criado?

Marichispa — No por cierto.

Doña Clara — Pues al cuarto de Beatriz
entraron.

Marichispa — Eso es recelo.

Doña Clara — Pues a la puerta del cuarto
vamos a ver si podemos
escucharlos.

Marichispa — Bien has dicho.
¿Hemos de dejar abierto
el cuarto, pues no han venido
Luisa y Otáñez, que fueron
a traer de la otra casa
los vidrios?

Doña Clara — No.

Marichispa — Pues yo cierro.

Doña Clara — Si está dentro, he de sacarle
de su cuarto.

Marichispa — Y yo prometo,
que este mal cristiano sepa,
cuantos son los Mandamientos.

(Vanse y cierra Marichispa.)

(Salen don Clemente y Cartilla.)

Don Clemente — ¿Cerraron?

Cartilla — Sí.

Don Clemente — Al cuarto van
de Beatriz.

Cartilla — Ahora, ¿qué haremos?

Don Clemente (Va a sacar la daga.) — Las almohadas y sillas
quiero hacer pedazos.

Cartilla — Quedo;
si rompes doce almohadas
y haces amistades luego,
es fuerza que tú la compres
otras doce; y para esto,
un salero es tu caudal;

cada una vale eso mesmo
pues déjalas, que tu padre
no tiene doce saleros.

Don Clemente ¿Oyes, Cartilla?

Cartilla ¿Señor?

Don Clemente Este escritorio está abierto.

Cartilla Repasemos las gavetas;
Veamos qué tienen dentro.

(Miran las gavetas.)

Don Clemente Esta es toda de papeles.

Cartilla No los tiene más compuestos
un depositario.

Don Clemente En todos
hay su retulito puesto.
(Sacan papeles.) «Papel de Cominarata»,
dice aquí.

Cartilla ¿Pues no sabremos
Cominarata qué es?

Don Clemente Otro renglón dice luego:
«De Francisco de Pantoja,
mi agente.» Léele.

Cartilla Luego.

Don Clemente — Vamos hacia otro.

Cartilla — Aquí dice:
«Del Chapetón.»

Don Clemente — No lo entiendo.

(Lee.) — «Hija, tú dices que se da tan barato ese estrado y tan de balde esas sillas, que te envío los mil reales queme pides.»

Cartilla — Tente, no pases de ahí.
Considera, ¡oh pasajero!
lo que somos los amantes;
párate aquí, toma ejemplo
en el infeliz Julián;
y en este Chapetón necio,
que el uno compra el estrado
por cuatro mil, y a otro luego
se le vendieron por mil
con que ambos, a un mismo tiempo,
cada uno piensa que es suyo;
uno pago por entero,
y otro dio una tercia parte.
Los que dais estrados nuevos,
no deis más que las tarimas,
que esto que dan terciopelos
ambos a dos los compraron,
y ambos a dos los vendieron.

Don Clemente — Ya el basilisco a los ojos,
ya a los labios el veneno,
¿a qué aguardo? ¡Oh, salgan ya
mis voces de mi silencio!

Mas no pronuncie el dolor
mis pasiones hacia el pecho
gástense entre lengua y labio,
por ser indignos mis celos.
Siéntalos yo y no los diga
porque al referirlos, temo
que me los murmure el grado
si me los repite el eco.
Déjame salir.

Cartilla — Detente,
que está cerrado.

Don Clemente — Llamemos
a doña Clara. Abre aquí.

(Salen doña Clara y Marichispa.)

Cartilla — Ya abren la puerta.

Marichispa — ¿Qué es esto?

Doña Clara — ¿Aquí estabas?

Don Clemente — Aquí estoy
déjame salir.

Doña Clara — Primero
me has de escuchar.

Don Clemente — Déjame.

Doña Clara — Cierra la puerta.

Marichispa — Ya cierro.

Doña Clara — ¡Mi bien, mi señor!

Don Clemente — Harás
que me mate, vive el cielo.

(Paséase
y anda tras él.) — Yo soy...

Cartilla — De cuatro hasta ahora.

Doña Clara — Mira, señor...

Don Clemente — Estoy ciego.

Doña Clara — ¡Mi Clemente!

Cartilla — Está inclemente.

Doña Clara — Escúchame.

Cartilla — No queremos.

Doña Clara — Cartilla.

Cartilla — No has de leerme.

Doña Clara — Ábrele; váyase luego
si no me quiere escuchar.

Don Clemente — Abre la puerta.

Marichispa — No quiero,
hasta que pida perdón

a mi ama.

Doña Clara
(Aparte a Cartilla.) Yo te ofrezco
un vestido si le tienes.

Cartilla ¿De qué?

Doña Clara De paño.

Cartilla Lo aceto.
Señor, no tienes razón.

Don Clemente Cartilla, ¿tú dices eso?
¿No has leído estos papeles?

Cartilla No la tienes.

Don Clemente ¿No la tengo?

Cartilla ¿Te ha pedido algún estrado?
¿Qué te quejas?

Don Clemente Y dime esto:
¿el que la envió los mil reales?

Doña Clara Cartilla es un hombre viejo
que tiene noventa años.

Cartilla Los que tiene más de ciento
que tuviera yo a estas horas
cantara misa muy presto.

Don Clemente Cartilla, ¿catorce reales

son más que yo?

Cartilla — No por cierto.

Marichispa — Cartilla, ¿y es cuerpo santo
mi señora?

Cartilla — Ya lo veo.

Don Clemente — Cartilla, dime, ¿el agente
de la petición es viejo
como el del papel?

Doña Clara — Cartilla,
ya no tengo ningún pleito.

Don Clemente — Di, Cartilla, ¿y don Julián?

Doña Clara — Cartilla, ¿si te aborrezco
y no me quiere dejar,
qué puedo hacer yo?

(Llaman a una ventana baja, que ha de haber.)

Cartilla — ¿Qué es esto?

Doña Clara — ¿Llamaron?

Marichispa — Sí.

Don Clemente — ¿Hay laberinto
como éste? Agora has de ver
traidora...

Doña Clara ¿Quién puede ser?

Cartilla Ábrele, que será el quinto.

Don Clemente ¿No ves quién eres? ¿No ves?

Doña Clara Escucha, y no te apasiones.

Don Clemente Dame ahora satisfacciones.

Doña Clara Abre, y sepamos quien es.

Cartilla Dice bien, callad y oíd,

Doña Clara ¿Quién ha llamado?

Don Clemente ¡Oh tirana!

Doña Clara ¿Quién llama a aquesta ventana?

(Doña Hipólita a la ventana.)

Doña Hipólita Una mujer es, abrid.

Don Clemente ¿Quién será?

Cartilla (Aparte.) ¡Viven los cielos
que es la viuda!

Doña Hipólita (Dentro.) Acabad ya.

Don Clemente Alguna mujer será
que te venga a pedir celos

de algún galán.

Doña Clara
Abre.

Cartilla
No abra.

(Aparte.)
(La viuda es, es evidente)

Doña Clara
¿A quién buscáis?

Doña Hipólita
A Clemente
quiero hablar una palabra.

Cartilla
Pesconos; es cosa llana.

Don Clemente
Advierte, que yo, señora...

Doña Clara
¡Pídeme celos agora
del que llamó a la ventana!

Don Clemente
Mucho siento que me halle.

Doña Clara
Acaba, respóndeme.

Doña Hipólita
Abrid, o alborotaré
toda la casa y la calle.

Cartilla (Aparte.)
Y tendrás dos mil razones.

Doña Hipólita
La ventana he de romper.

Doña Clara
Yo haré...

Don Clemente
Clara, a esta mujer
tengo mil obligaciones

de antes que te viese a ti;
y aunque solo tu amor precio,
para no hacella un desprecio
me quiero esconder aquí.

Doña Clara — No es esto lo que yo quiero.

Don Clemente — Cruel estás.

Cartilla — Terrible eres.

Doña Clara — Despídela, si me quieres.

Doña Hipólita — ¿No sale ese caballero?

Doña Clara — Ello toca al pundonor.

Don Clemente — Obedecerte no puedo;
si ella se va y yo me quedo,
¿qué quieres más de mi amor?

Doña Hipólita — Acabad, que estoy cansada.

Marichispa — ¿Parécete que abra?

Doña Clara (Aparte.) — Tente.
(Yo temo que don Clemente
me ha de dejar desairada.)

Doña Hipólita — Ea, ¿no me abren?

Doña Clara (Aparte.) — (Y así,
no me pretendo arriesgar;
lo mejor será negar

que don Clemente está aquí.
Resuelta a negarlo estoy.)
Apartaos de aquí.

Don Clemente — Sí haré.

(Apártanse a un lado.)

Doña Hipólita — ¡Ah don Clemente!

Marichispa — ¿Abriré?

Doña Clara — Abre.

Marichispa — ¿Quién llama?

Doña Hipólita — Yo soy.

(Abre la ventana doña Clara, y habla doña Hipólita de la parte de adentro.)

Doña Clara — ¿A quién buscáis?

Doña Hipólita — Bien por Dios,
a don Clemente, señora.

Doña Clara — ¿Qué don Clemente?

Doña Hipólita — El que agora
estaba hablando con vos.

Doña Clara — Mirad...

Doña Hipólita — Digo que lo oí.

Doña Clara — Advierta ucé, reina mía...

Doña Hipólita — Si no abrís, hasta otro día
no me he de quitar de aquí.

Cartilla — Resuelta está, vive Dios.

Doña Hipólita — Y a un Alcalde haré llamar.

Cartilla — Señora, déjala entrar,
y escondámonos los dos.

Doña Clara — Entrad.

Don Clemente — Temo que me halle.

Doña Hipólita — Venga a abrir una criada
la puerta, que está cerrada.

Doña Clara — ¿Cuál?

Doña Hipólita — La puerta de la calle.

Doña Clara — Ingrato, agora he de ver
si me quieres.

Don Clemente — Tú verás
que a ti te quiero no más.

Doña Clara — Pero no te has de esconder.

Marichispa — La viuda, así como así
le ha de hallar.

Cartilla Hasla hecho buena.

Doña Clara Oye, en esta alacena
caben los dos.

Cartilla Es así.

Don Clemente Y así te deberé más.

Doña Clara Pues entra.

Cartilla Buena empanada.

(Mételos en una alacena, que ha de haber, y ciérrala.)

Doña Clara Mira que si desairada
me dejas...

Don Clemente Tú lo verás.

(Sale doña Hipólita.)

Doña Hipólita Quédate en ese zaguán.
Dios os guarde, Clara bella.

Doña Clara Guardeos el cielo.

Doña Hipólita Vos sois
muy hermosa.

Doña Clara Pasadera.

Doña Hipólita Yo soy...

Doña Clara — Decid vuestro nombre.

Doña Hipólita — Curso tan poco en la escuela
de las damas de Madrid,
que aunque decírosle quiera,
no sabréis por él quien soy.

Doña Clara — ¿Pues qué mandáis?

Doña Hipólita — Con vergüenza
os diré que quiero bien
(¡Oh mátenme ya mis penas!)
a don Clemente.

Doña Clara — ¿De qué?

Doña Hipólita — De Montalvo. ¡Haceos de nuevas!
Digo, pues, hermosa Clara,
que de una vecina vuestra
hoy supe, que don Clemente
os sirve y os galantea.
Yo ha seis años que le quiero;
seis años ha que confiesa
que me adora; y aun no ha un día
que, viéndome fina y tierna
solicito con su llanto
consuelos para mi queja.

Doña Clara — ¿Tan tierno estaba?

Doña Hipólita — Y tan falso,
que sin mirar a las deudas
de mi amor y obligaciones,
le escuché desde esta reja

dar voces tan destempladas
que sonaron como quejas.
Salga y diga (pues a dos
solícita y galantea),
a cual de las dos estima;
y caso que me aborrezca,
desengañada os prometo
no verle más, aunque pierda
vida y fama, y el amor
que a mi obligación confiesa
y porque las dos a un tiempo
quedemos desta manera
desengañadas y amigas,
vos muy mía, y yo muy vuestra.

Doña Clara ¿Es posible que una dama
de esa autoridad y prendas
confiese que quiere bien?
Gran falta en mujer tan cuerda.

Doña Hipólita ¿De chanza me respondéis?
Pues yo tomaré esa vela
para examinar la casa.

Doña Clara Advertid...

Doña Hipólita Soy muy resuelta;
y esto ha de ser desta suerte.

(Vase, y Marichispa tras ella, y abren la alacena los dos.)

Doña Clara Oyes, éntrate con ella;
don Clemente...

Don Clemente ¿Qué me dices?

Doña Clara ¿Cómo no tienes vergüenza
de tener tan fea dama?

Don Clemente Es bien entendida.

Doña Clara Esa
es la disculpa de todos
los que tienen damas feas.
¿Es parienta de Beatriz,
la de arriba?

Don Clemente No es parienta.

Doña Clara Se le parece en la cara.

Don Clemente ¿Quién no es fea en tu presencia?

Doña Clara ¿Cuánto gana cada día
a hacer valonas y vueltas
de la calle de las Postas?

Cartilla Conforme trabaja.

Don Clemente Cierra,
que viene.

Doña Clara Irase la viuda,
y luego te has de ir tras ella.

(Salen doña Hipólita y Marichispa.)

Doña Hipólita Yo le oí hablar.

Marichispa — Es engaño.

Doña Clara — Ya estás cansada y grosera,
y yo soy mucha mujer
para que a mi casa venga
galán que es vuestro galán.

Doña Hipólita — Claro está que hay diferencia
de mí a vos, que en esta corte
hay muchos hombres que sepan
quien sois vos, y no hay más de uno
que sepa quien soy en ella.

Doña Clara — Jurara yo que la viuda
es honrada, aunque no quiera,
sujeto es de no pedir.

Doña Hipólita — Solo pido que me quieran,
que yo tengo que me sobra,
y una casa.

Doña Clara — Que le cuesta
cuatrocientos, y tendrá
seis sillas de su edad mesma;
un bufete un poco hendido,
dos tarimas muy estrechas,
una cama de nogal,
un estrado de bayeta,
un velón, para cuando hay
visitas; por cabecera
de estrado un contadorcillo
con cuatro o con seis gavetas,
un cofre de ropa blanca

y otro de sayas enteras,
y una honraza como suya.

Doña Hipólita — Pues veme; desta manera
me quiere a mí don Clemente;
y hoy me dijo cosas della,
como della.

Doña Clara — ¿Qué la dijo?

Doña Hipólita — Que aunque a veces viene a verla,
la ha visitado...

Doña Clara — ¿Por qué?

Doña Hipólita — Por otra, y no por más buena.

Doña Clara — ¿Eso dijo?

Doña Hipólita — Y que era fácil.

Doña Clara — ¿Eso dijo?

Doña Hipólita — Y que era fea;
y que tenía en Almagro
un censo puesto en cabeza
de un fulano de Caniego.

Doña Clara — ¿Eso dijo?

Doña Hipólita — Y que se afeita
tanto, que se le han caído
cuatro dientes y tres muelas,
y que los tiene postizos.

Doña Clara ¿Eso dijo?

Doña Hipólita Y dio más señas:
que tiene un olor de boca,
que puede dar pestilencia,
y que erais mujer barata.

Doña Clara Ya no puede haber paciencia,
¿barata a mí? ¡Hay tal injuria!
Caballeros salid fuera,

(Abre la alacena, y sácalos.)

que hoy he de ver...

Doña Hipólita ¡Oh traidor!
¿Aquí estáis?

Don Clemente Detente, espera...

Doña Hipólita Esas casas queréis vos,
donde andáis por alacenas.
Salid acá el del catarro,
y el de las Claras.

(Saca a Cartilla.)

Cartilla ¿Qué intentas?

Doña Hipólita Vengarme en los dos.

Don Clemente Aguarda.

Doña Hipólita — Venid conmigo.

Doña Clara — Eso fuera
para que yo le matara.

Doña Hipólita — Sígueme a mí.

Doña Clara — No te queda.

Doña Hipólita — ¿A qué esperas?

Doña Clara — ¿A qué aguardas?

(Llaman a la puerta.)

Cartilla — Llamando están a la puerta.

Marichispa — Yo abro, y sea quien fuere.

Doña Clara — Abre.

(Sale doña Beatriz, con luz.)

Doña Beatriz — ¿Qué voces son estas?
¿En mi casa y a estas horas?
¿Aún no habéis entrado en ella
y hay este ruido? ¡Qué miro!
¿Don Clemente?

Cartilla — Otra pendencia
tenemos con la Beatriz.

Doña Beatriz — Vos, ¿cómo en mi casa mesma
os entráis?

Don Clemente Estoy perdido.

Doña Beatriz A blasonar...

Doña Clara Estoy muerta.

Doña Beatriz De un honor...

Doña Hipólita ¿Qué es lo que escucho?

Doña Beatriz De una fama...

Don Clemente No hay paciencia.

Doña Beatriz Que por vos tengo perdida.

Doña Hipólita Sin Clara, ¿otra dama nueva?
Traidor, ¿esto era quererme?

Doña Clara ¿Esto es quererme de veras?

Doña Beatriz ¿A mis ojos dos injurias?

Doña Hipólita ¿Que eran falsas tus finezas?

Doña Beatriz Ven conmigo.

Doña Clara No te vayas.

Don Clemente ¿Qué he de hacer?

Doña Clara Aquí te queda.

Don Clemente ¡Clara! ¿Hipólita! ¡Beatriz!

Doña Clara Habla.

Doña Hipólita ¿Qué dices?

Doña Beatriz ¿Qué intentas?

Don Clemente Que a una quiero de las tres.

Doña Clara ¿Soy yo?

Don Clemente Una sola es mi prenda.

Doña Hipólita ¿Soy quien te merece fina?

Don Clemente Tú eres quien...

Doña Beatriz Dilo, ¿qué esperas?

Don Clemente Tú serás...

Doña Clara Paga mi fe.

Don Clemente Tú eres sola...

Doña Clara ¿En qué te hielas?

Don Clemente Pues para no dejar...

Todas ¿Qué?

Don Clemente Dos quejosas...

Doña Clara ¿A qué esperas?

Don Clemente He de responder...

Doña Hipólita Responde.

Don Clemente A las tres desta manera.

(Vase huyendo.)

Doña Hipólita Él me aborrece.

Doña Beatriz Él me olvida.

Doña Hipólita Él me agravia.

Doña Clara Él me desprecia.

Doña Beatriz ¡Deme el dolor sufrimiento!

Doña Hipólita ¡Deme consuelo mi pena!

Doña Beatriz ¡Deme venganza mi agravio!

Doña Clara ¡Denme los cielos paciencia!

Fin de la segunda jornada

Jornada tercera

(Salen don Clemente y Cartilla atrás, con ropilla, espada y capa.)

Don Clemente — Acaba presto, Cartilla.

Cartilla — Sin juicio estás.

Don Clemente — Estoy loco.

Cartilla — Señor, vete poco a poco.

Don Clemente — Ponme bien esta golilla.

Cartilla — Pues di, ¿qué te sucedió?

Don Clemente — ¿No me dejas?

Cartilla — No te dejo.
¿Ha echado menos el viejo
los cuatro tapices?

Don Clemente — No.

Cartilla — ¿No entro a verte muy severo?
Pues, dime, ¿qué te quería?

Don Clemente — A aconsejarme venía
que le volviese el salero.

Cartilla — Tarde viene; dime agora
el dolor que te maltrata,
acaba.

Don Clemente ¡Oh Beatriz ingrata!

Cartilla Habla.

Don Clemente ¡Oh Hipólita traidora!

Cartilla Tu matutino dolor
refiere.

Don Clemente No he de decillo.

Cartilla ¿Te han pedido en el Barquillo
algún almuerzo, Señor?

Don Clemente Ya Hipólita me ha vendido;
doña Beatriz se ha vengado;
doña Clara me ha negado;
y yo estoy...

Cartilla No te he entendido.
¿Hipólita fue traidora?
¿A ti te ha dejado?

Don Clemente A mí.

Cartilla ¿Con toda su honra?

Don Clemente Sí.

Cartilla ¿Y a otro prefiere?

Don Clemente A otro adora.

Cartilla Beatriz, ¿por qué se mudó?

Don Clemente — Porque también es mujer.

Cartilla — ¿Pues no te adoraba ayer?

Don Clemente — Y ayer de mí se olvidó.

Cartilla — En fin, ¿te dejaron tres?

Don Clemente — Sí, amigo, dame la capa.

Cartilla — Un remedio hallo excelente.

Don Clemente — ¿Pues no me le das? ¿qué aguardas?

Cartilla — Para que tú quedes limpio
desta polvareda.

Don Clemente — Acaba.

Cartilla — Pues es el remedio...

Don Clemente — ¿Qué?

(Dale la capa, y sacúdala.)

Cartilla — Que te sacudas la capa.

Don Clemente — Ea, salgamos a la calle;
cierra esa puerta.

Cartilla — Cerrada.

(Cierra.)

Don Clemente — La llave.

Cartilla — Toma la llave.

Don Clemente (Tienta la espada.) — Requerir quiero esta espada,
no esté gastado el botón
de la espiga.

Cartilla — ¿A eso te paras?

Don Clemente — Sí, porque voy a dar muerte
al Regidor.

Cartilla — ¿Por qué causa?

Don Clemente — Porque me ha desafiado.

Cartilla — ¿Dime cuándo?

Don Clemente — Esta mañana;
porque anoche con Hipólita
le hallé dentro de su casa.

Cartilla — ¿Te buscó?

Don Clemente — Me envió un papel.

Cartilla — ¿Con buena nota?

Don Clemente — Extremada.

Cartilla — Deja que le lea.

Don Clemente Lee.

(Dale el papel.)

Cartilla Dice desta suerte.

Don Clemente Acaba.

Cartilla (Lee.) «Por ruegos de doña Hipólita me retiré anoche, y porque se entienda que obedecer a una mujer no es temer a un hombre, le espero en el remate de la calle de las Huertas, con un amigo.»

¿Viose papel mas gracioso?
Yo digo que si le matas,
pierde Almagro un gran sujeto.

Don Clemente Llevar quiero un camarada,
pues él lleva otro consigo.

Cartilla Vete solo, y que se vaya
el padrino que él trujere;
¡Lo que me pudre y me mata
el que usen llevar padrinos!
¿Que se esté un hombre en su casa,
con su quietud, con sus hijos
y su mujer, y que haya
quien diga: veníos conmigo,
que a reñir voy a campaña,
que hago confianza de vos?
Ladrón, haz de ti confianza,
y riñe tú tu pendencia,
pues eres tú quien la causa.
Llevar a uno por padrino

a una boda, aun eso vaya,
aunque también es pendencia
hacerle a un hombre que salga
por padrino de un bateo;
vaya con Dios, aunque gasta
una vela y un mantillo,
y un pomo de agua de ámbar,
los derechos de la iglesia,
la comadre y la criada
que lleve el niño, sin otras
menudencias de otra data;
pero que llamen padrino
al que va de mala gana
con la cólera del otro
a irse a matar a estocadas,
es cosa que ha de pudrirme;
pero lo que más me mata,
no es que haya tontos que llamen,
es que haya locos que vayan.

Don Clemente — Yo es fuerza que llame a uno.

Cartilla — Yo iré contigo.

Don Clemente — ¿A qué hagas
lo que sueles?

Cartilla — Qué de veces
me has dado con esto en cara.
¿Es más de que corro bien?
A la pelota no es falta.

Don Clemente — ¿A quién llevaré a mi lado?

(Ande por el tablado.)

Cartilla — Por Dios no lo sé; ah, sí, llama
a don Bernardo, que es hombre
que en una pendencia honrada
nunca volvió paso atrás;
verdad es que por desgracia
saco tres grandes heridas.

Don Clemente — Cartilla, de mejor gana
llevara a quien se las dio.

Cartilla — Y aun yo te lo aconsejara;
válgame Dios, ¿quién irá
contigo?

Don Clemente — ¿Mi maestro de armas
será bueno?

Cartilla — No, señor,
que esto es con espadas blancas.

Don Clemente — ¿Y don Nicolás es bueno?

Cartilla — Es miserable.

Don Clemente — ¿Esa es falta
para reñir?

Cartilla — ¿Cómo quieres
que dé las heridas francas?
Mas tente, que ya le hallado.

Don Clemente — Dímelo.

Cartilla — Si me lo pagas...

Don Clemente — El vestido de bayeta
con pestaña te doy, habla.

Cartilla — Vestido con tantos ojos
fuerza es que tenga pestañas.

Don Clemente — Grande majadero eres.

Cartilla — Con la bayetilla rancia
bien puedo ser majadero,
mas no frisado.

Don Clemente — No me hagas
perder el juicio.

Cartilla — Ya es tarde.

Don Clemente — Dime el que eliges, acaba.

Cartilla — Pues yo elijo...

Don Clemente — Acaba presto,
dilo.

Cartilla — A don Julián de Mata.

Don Clemente — ¿Tienes tú satisfacción
de su acero?

Cartilla — La que basta,
mas no le elijo por eso.

Don Clemente ¿Pues por qué?

Cartilla Escucha la causa;
este hombre es entendido.

Don Clemente Adelante.

Cartilla Este hombre anda
entremetiéndose con
tus Beatrices y tus Claras;
pues entresácale ahora
a reñir a la campaña,
y una de dos, señor, o
le cascan o no le cascan
si te le zurran, te vengan
dél, mas si él se da tal maña
que sacude, te venga él
del Regidor de la Mancha;
y así de una suerte y otra,
dé o tome, tomas venganza
del Regidor, si le zurran,
del Julián, si le badanan.

Don Clemente Dices bien. ¿Dónde he de hallarle?

Cartilla En la puerta de su casa
está todos medios días
dos horas por la mañana
a hacerse por fuerza amigo
de no más de los que pasan.

Don Clemente Pues cerca estamos.

Cartilla — Y tanto,
que es aquel.

Don Clemente — Bien dices, anda.

Cartilla — Oyes, pásate de largo,
verás como sin buscarla
se entra en la pendencia, aunque
no le hables una palabra.

Don Clemente — Mejor es que él quiera ir,
bien has dicho.

Cartilla — Pues enzaina
el sombrero, y ponte luego
al estómago la daga;
agóbiate de cintura,
saca hacia fuera la espalda,
ponte crudo y mira al suelo,
y verás cómo se clava.

Don Clemente — Pasemos.

Cartilla (Mira al vestuario.) — No nos ha visto;
párate aquí un poco, y habla
conmigo como enojado.

Don Clemente — No nos mira, ¡hay tal!

Cartilla — Aguarda,
que te vio.

Don Clemente — ¿Viene ya?

Cartilla Sí.

Don Clemente Pues él se nos viene, vaya.

(Sale don Julián.)

Don Julián ¿Don Clemente?

Don Clemente ¿Don Julián?

Don Julián ¿Dónde vais tan de mañana
por esta calle del Prado?

Don Clemente A un negocio de importancia
voy de priesa; adiós amigo.

Don Julián Él os guarde.

Cartilla (Aparte.) Y si importara
apartarle de nosotros,
se estuviera hasta mañana.

Don Julián Así...

Don Clemente ¿Qué decís?

Don Julián Parece
que vais mohíno.

Don Clemente No es nada;
quedaos con Dios.

Don Julián Si es pendencia,
vuestro soy, y traigo espada.

Cartilla — Pendencia es, pero no importa,
que es en el campo.

Don Clemente — No me hagas
que te rompa la cabeza,
pícaro.

(Hace que quiere dar al criado.)

Don Julián — Tened la daga.
¿Vais a reñir?

Don Clemente — No voy tal,
gallina.

Cartilla — Yo soy un mandria.
¿Pero quién podrá mejor
ir a tu lado a campaña,
como el señor don Julián,
que o menudas estocadas
le contará los botones
al Cid, aunque no los traiga?

Don Julián — Y eso es desconfiar de mí,
y en la Alemania alta y baja
saben quién es el alférez
don Julián de Mata.

Cartilla — Y basta
reñir un hombre con uno,
sin irse a meter en danza
con dos.

Don Julián ¿Pues con dos queréis
reñir solo?

Cartilla (Aparte.) Dio en la trampa.

Don Clemente ¿Pues no basta mi criado?

Cartilla Yo sé si basta o no basta,
y a toda ley don Julián...

Don Julián Y yo tengo con vos tanta,
que de vos no he de apartarme.

Don Clemente Pues Cartilla, vete a casa,
que ya vamos dos a dos.

Cartilla Pues adiós.

Don Julián ¿Adónde aguardan
los que os esperan?

Don Clemente Están
a la vuelta de esas tapias,
que son de los Trinitarios
Descalzos.

(Anden por el tablado.)

Don Julián ¿Sabré la causa
por qué os han desafiado,
amigo?

Don Clemente Por una dama.

(Sale Cartilla detrás.)

Cartilla

Poco a poco he de seguirlos,
y he de hacer la patarata
de valiente a su ocasión.

Don Julián

¿Sabéis jugar bien las armas?

Don Clemente

Con cólera no hay destreza.

Don Julián

Yo no la tengo, y me holgara
aprovechar dos liciones
de Carranza.

Don Clemente

Heridas falsas
son todas las que enseñó.

Don Julián

Quien no sabe ejecutarlas
las llama así; mas yo sé
si son finas o son falsas.

Don Clemente

¿Habéis jugado en Madrid?

Don Julián

Con los hombres de más fama.

Don Clemente

Dan aquí unas zambullidas
excelentes.

Don Julián

Extremadas;
para librar zambullidas
yo sé una lición bizarra.

Don Clemente

Decidmela.

Don Julián — No jugar
con quien las juega.

Cartilla — No es mala.

Don Clemente — Aquellas las tapias son.

Don Julián — Y este el campo.

Don Clemente — Y allí aguarda.

(Sale Juan.)

Juan — Bien venido, don Clemente.

Don Clemente — Ya yo vengo a la campaña
a cumplir mi obligación.

Juan — Señor don Julián de Mata,
¿Vos contra mí?

Don Julián — Cuando salgo
llamado, del que me llama
soy amigo solamente.

Don Clemente — Pues ea, sacad la espada,
llamad a vuestro padrino.
¿Qué aguardáis?

Juan — Una palabra,
yo vengo solo.

Don Clemente — ¿Por qué?

Juan — Fui a buscar un camarada,
que es valiente, de mi tierra,
y me han contado en su casa
que ayer tarde se fue a Almagro
que yo en esta confianza
os escribí que trujéseis
otro con vos; pero basta
que riñamos vos y yo,
vuestro padrino se vaya
a prevenir confesor
y saquemos las espadas;
y a quien se la diere Dios,
que se la perdone el Papa.

Don Julián — Decís bien; mas yo he salido
a reñir a la campaña,
y a un hidalgo de mi porte
de mi obligación y fama,
le toca en saliendo al campo
reñir; vuelva, si le agrada
a buscar otro padrino,
y a mi propio padre traiga,
que en el campo, con mi padre
me he de matar a estocadas.

Juan — ¿Vos no sois mi grande amigo?
Responded.

Don Julián — Fuilo en la Mancha,
y este es otro arzobispado.

Cartilla (Aparte.) — (Ahora entra mi patarata.)
¿Oye ucé? Traiga otros dos.

Juan	Dos, ¿por qué?

Cartilla	Vucé los traiga,
que del lado de mi amo
no he de irme.

Don Clemente	Uno solo basta,
que yo haré que nos deje.

Cartilla	No hayas miedo que tal haga,
que yo he comido tu pan
aunque no he bebido tu agua,
y de aquí no he de apartarme
hasta que a su lado salga
un valiente motilón
con quien darme de las astas.

Don Clemente	¿De cuándo acá tú valiente?
¿Desde ahora?

Cartilla	Hay horas menguadas.

Juan	Don Clemente, oid por Dios.

Don Clemente	Idos, no estéis importuno.

Juan	Basta ir a buscar a uno
sin que haya de buscar dos,
o haréis los tres que me alabe
que estoy solo.

Don Clemente	Tú te has de ir;
di, ¿por qué quieres reñir?

Cartilla
(Aparte.)

Yo he de saber a qué sabe.
(Este hombre no reñirá,
y yo quedo por valiente.)

Juan

Voy por otro amigo.

Don Julián

Tente,
que un remedio he hallado ya.

Cartilla

Si me toca el pundonor,
no le oigo.

Don Clemente

Hablad.

Don Julián

Ya le digo.

Juan

¿Qué es?

Don Julián

Yo soy vuestro amigo,
como soy del Regidor.

Juan

Antigua es nuestra amistad.

Cartilla (Aparte.)

En paz los quiere meter.

Don Julián

Él no sabe o quien traer
por padrino.

Don Clemente

Así es verdad.

Don Julián

Pues yo me paso a su lado,
porque esto se empiece ya,
y a vuestro lado podrá
reñir...

Don Clemente ¿Quién?

Don Julián Vuestro criado;
para esto le dad licencia;
dos a dos, los cuatro así
reñiremos, que por mí
no se ha deshecho pendencia
porque no es razón, ni quiero
ahora, aunque sea razón
que se deje esta cuestión
por no hallar su compañero.

(Pásese al lado del Regidor.)

Don Clemente ¿Vos no venísteis conmigo?

Don Julián Haced vos cuenta que no.

Don Clemente ¿Y queréis que riña yo
con vos? Responded.

Don Julián No, amigo.

Don Clemente ¿Pues cómo os vais de mi lado
hoy que a reñir os provoca
mi amor?

Don Julián Es que a mí me toca
reñir con vuestro criado.

Cartilla No te toca, hay otros modos
para hallar suave medio.

Don Julián | Yo no hallo mejor remedio
para que riñamos todos.

Cartilla | Entremetido malino,
respóndeme, ¿de qué suerte
te has metido por meterte
en meterte a ser padrino?

Don Clemente | Yo de su modo civil
tomaré venganza honrosa.

Don Julián | Don Clemente, ya eso es cosa
que no la han hecho dos mil.

Don Clemente | Razón y acero serán
los que me venguen aquí.

(Sacan las espadas.)

Cartilla | El diablo me metió a mí
en llamar a don Julián.

Don Julián | Sacad la espada.

Cartilla | ¡Hay tal loco!

(Riñen Cartilla y don Julián.)

Don Julián | El lacayo muestra bríos.

Don Clemente | ¿Vos qué aguardáis?

Don Julián | Reyes míos,

(Saca la espada y tírale don Clemente.)

matémonos poco a poco;
¿cómo tiráis estocadas?
Eso es quererme matar.

Don Clemente — ¿Qué he de hacer?

Juan — En mi lugar
reñimos a cuchilladas.

Cartilla — Cerrada conmigo la hace.

Juan — Tened, ¿no queréis teneros?

Don Clemente — ¿Qué hay?

Juan — Troquemos compañeros;
pasaos acá.

Don Julián — Que me place.

(Truecan, pasándose don Julián a reñir con don Clemente, y Cartilla con el Regidor.)

Ea, riñamos, amigo,
que yo a todo me acomodo.

Cartilla — Por solo meterse en todo,
se mete a reñir contigo.

Don Julián — Entrad recto y con valor.

(Tíranse.)

Don Clemente — Sota diestro.

Don Julián — Como valiente.

Juan — Mal por mal venga el sirviente.

Cartilla — Mal por mal el Regidor;
ea, ese brazo tended.

Don Julián — Partid conmigo.

Don Clemente — Ya parto.

Don Julián — Va por el círculo cuarto
esta estocada, tened.

(Dale una estocada don Clemente a don Juan.)

Don Clemente — ¿En qué os suspendéis?

Don Julián — Sospecho
que herido agora me habéis
sin saber lo que os hacéis.

Don Clemente — ¿Dónde es la herida?

Don Julián — En el pecho.

Don Clemente — No puede ser.

Don Julián — Esto es cierto.
¿Sabéis por qué me habéis dado?

Don Clemente Decid ¿por qué?

Don Julián De confiado;
mal haya el partir abierto;
pero por más que destreza
sangre y valor me apasiona.

(Riñen.)

Don Clemente Decís bien.

Cartilla Arda Bayona.

Don Clemente ¿Qué es eso?

Don Julián (Dale en la cabeza.) Otra en la cabeza;
don Clemente, oíd por Dios;
el reñir con vos aquí
yo no lo hago por mí.

Don Clemente ¿Pues por quién lo hacéis?

Don Julián Por vos.

Don Clemente Yo hago a los cielos testigos
que conozco lo que os debo.

Don Julián Miren aquí lo que llevo
por servir a mis amigos;
hasta vengarme es preciso
que pelee como un Cid.

(Sale un Soldado.)

Soldado — Caballeros, advertid
que en Atocha han dado aviso
a un alcalde que allí estaba.

Cartilla — Pues yo me voy a sagrado.

Soldado — Y a un ministro muy de lado
escuché que le contaba,
que por una dama era,
doña Clara de Guzmán,
y tan cerca de aquí están
sus ministros, que quisiera
templar vuestra indignación;
cercano el riesgo mirad,
y la pendencia dejad
para mejor ocasión,
pues vuestra fortuna quiso
que el aviso os venga a dar.

Don Clemente — Pues para no malograr
la indignación y el aviso,
en otra ocasión espero
tomar la satisfacción.

Don Julián — Y yo soy desa opinión.

Juan — Y agora llevaros quiero,
pues herido estáis por mí,
donde sin riesgo os curéis;
vos es justo que aviséis
a esa dama, porque así
se libre.

Cartilla — Yo voy a hacella

que mude todo el ajuar,
por lo que puede importar.

(Vase.)

Don Julián ¿Es por ella?

Don Clemente No es por ella;
pero habrán imaginado
que ella ha dado la ocasión.

Don Julián Oíd, tened compasión
de mis sillas y mi estrado;
mirad, yo os tengo cariño;
cuando vais desafiado
no tiréis tan arriesgado,
que os puede matar un niño.

(Vase.)

(Salen doña Clara, Marichispa y Cartilla.)

Cartilla ¿Doña Clara?

Doña Clara ¿Cartilla? ¿Marichispa?

Marichispa ¿Qué traes? Di.

Cartilla Que riñó.

Doña Clara ¿Quién ha reñido?

Cartilla No es nada, don Julián es el herido,
y no saldrá la fiesta muy de balde,

que en busca de tu casa anda un alcalde.

Doña Clara ¿Y agora adónde ha ido?

Cartilla A la otra casa donde tú has vivido.

Doña Clara ¿Pues qué he de hacer?

Cartilla Yo quiero aconsejarte
que mudemos los trastos a otra parte.

Doña Clara ¡Oh mal haya!

Cartilla Señora, no te indines;
la menguada que quiere a espadachines...

Doña Clara ¿Pues quién ha de mudarme?

Cartilla No te afanes,
que prevenidos traigo ganapanes;
entre todo el ganado.

(Salen dos ganapanes.)

Ganapán I Seor menguado,
él será el manso, si éste es el ganado.

Marichispa Descuelguen los países.

Doña Clara Tú y el ama,
tomad la llave y desarmad la cama;
cierren los cofres.

Ganapán II Ya está descolgado.

Doña Clara — Doblen presto la alfombra y el estrado.

Cartilla — ¿Qué espacio es este, reyes?

Ganapán I — ¿Quién se para?

Cartilla — Dale a uno la redoma de la cara.

(Sale don Clemente con ganapanes.)

Don Clemente — Esta es la casa, lleguen, buena gente.

Doña Clara — ¿Quién ha entrado?

Don Clemente — Yo soy.

Doña Clara — ¿Es don Clemente?
(Aparte.) (¡Ah traidor! Por ti andamos...)

Don Clemente — ¿Qué te enfadas?

Doña Clara — Yo y mis alhajas todas arrastradas.

Marichispa — Que nada disimules;
entren dentro a cargar con los baúles.

Doña Clara — Si esta vez salgo yo desta congoja,
nunca más mancebito de la hoja.

Cartilla — ¿No te pones el manto?

Doña Clara — ¡Ay enemigo!
(Pónese el manto.) ¿Quién me ha de acompañar?

(Sale doña Beatriz.)

Doña Beatriz — Yo voy contigo,
que las que hacemos amorosas ligas,
hoy enemigas y después amigas.

(Sale Marichispa con la plata, y dásela a Cartilla.)

Marichispa — Aquí vienen la taza y la salvilla,
las cucharas y platos.

Doña Clara — Tú, Cartilla,
puedes llevarlo.

Cartilla — Yo tengo cuidado.

Doña Clara — Dale también el tenedor quebrado.

Marichispa — Yo le llevo en la manga.

Doña Clara — ¡Oh cruel!

Doña Beatriz — ¡Oh ingrato!

(Salen los ganapanes con la ropa.)

Ganapán II — Oye vusted, ¿adónde va este hato?

Cartilla — Sígame, a mí.

Ganapán I — Los cofres,

Ganapán III — Los colchones,

Doña Clara De aquí adelante todos chapetones.

Ganapán IV Carga este lío.

(Cargan el estrado y los países.)

Ganapán III Arriba.

Doña Beatriz Hora menguada.

Marichispa ¿Tu cama de madera está ya armada?

Doña Beatriz ¿Dónde vamos?

Cartilla Al Carmen, imagino.

Doña Clara Cielos, no más con hijos de vecino.

(Vanse.)

(Salen Juan y don Julián, huyendo.)

Juan Aquí os habéis de curar.

Don Julián No sé cómo me reporto.
¿habeisme agora paseado
todo el lugar en contorno,
y habeisme vuelto a traer
a esta casa?

Juan Por vos solo
hiciera yo esta fineza.

Don Julián ¿Cuál es?

Juan Esperad un poco.
¿Doña Hipólita?

(Sale doña Hipólita.)

Doña Hipólita ¿Quién llama?

Juan Yo soy, que a pedir socorro
vengo hoy a vuestra piedad,
como ayer a vuestros ojos.

Doña Hipólita ¿Qué es esto?

Juan Es un caballero
que de puro valeroso
el pecho tiene pasado,
y trae los dos cascos rotos;
suplícoos, señora mía,
que permitáis, sin enojo,
que esté un hora en vuestra casa,
para que sin alboroto
se le tome aquí la sangre,
que yo por mi cuenta tomo
que él os quede apasionado,
y yo agradecido y todo.

Doña Hipólita Caballero, ayer me visteis,
y ayer, sin saber yo cómo,
os entrasteis en mi casa
con tal lenguaje y tal modo
que os creyera socarrón
si vos cubrierais lo tonto;

pues veniros a mi casa
con caravanas de propio
el mismo que ayer huisteis
como si fuerais el otro,
a que yo os cure un herido,
es el mayor desahogo
que he visto.

Don Julián
Señora mía,
desangrándome estoy todo,
y para una herida es
mal bálsamo un circunloquio.

Juan
¿Pues fue por vos la pendencia,
y os hacéis de rogar?

Don Julián
¿Cómo?
¿Por esta señora fue?
Hasta salir sano y todo
no he de irme de aquesta casa.

Doña Hipólita
Advertid, que yo me corro
que tal se diga de mí.

Juan
Yo desafié a don Piadoso,
decir quiero a don Clemente.

Doña Hipólita
Bien decís, que eso es lo propio.

Juan
Y este caballero fue
mi padrino.

Doña Hipólita
¿Y saben todos
que fue por mí?

Juan — No lo saben.

Don Julián — Señores ¿estamos locos?
curadme, que me desangro,
y hablad luego como un tordo;
haced que traigan un huevo.

Juan — No traigo blanca.

Don Julián — Esto es otro;
tomad este real de a dos,
y enviad presto, acabad.

Juan — Corro.
¿No basta gastar con Clara
sin gastar con yema y todo?

(Vase.)

Ganapán I (Dentro.) — Descarguen aquí la ropa.

Doña Hipólita — ¿Qué ruido es este?

Ganapán II (Dentro.) — Aquí pongo
aqueste hato.

Cartilla (Dentro.) — En la antesala
pueden descargarlo todo.

(Sale Cartilla.)

Doña Hipólita — ¿Cartilla?

Cartilla — Señora mía,
perdonadme si te estorbo,
que te hago depositaria
deste ajuar, porque nosotros
con un don Julián pleiteamos,
y él salió con su negocio,
y siendo tú la culpada
han imaginado todos
que lo ha sido doña Clara;
con ella, a ponerse en cobro,
viene otra vecina suya;
tú, señora, sin enojo
las recibe, pues importa
a tu fama y tu decoro;
y si ven que eres culpada
agora, ha de ser forzoso
que tus escritorios anden
por los otros escritorios;
Julián está mal herido.

Don Julián — Y está mal curado y todo;
venga ese vino y el huevo.

(Sale el Regidor con vino y huevo y plato.)

Juan — El vino y huevo están prontos,
pero no hallo cirujano
para curarle, y yo sobro.

Cartilla — Yo le curaré mejor
que ninguno.

Don Julián — Me conformo.

Cartilla — Bata vueced esa clara.

(Baten el huevo, sacan paños.)

Doña Hipólita — Aquí hay paños.

Cartilla — Venga el opio,
que yo rociaré la herida.

(Bate la clara el Regidor, echa una bendición Cartilla, y hace señas que quite la mano, y bebe.)

Juan — Quién pudiera deste modo
batir la otra Clara.

Cartilla — En nombre
de Dios todopoderoso,
quite vusted esa mano.

(Bebe Cartilla, y estando con el vino en la boca para rociar, hace señas que quite la mano, y bébese el vino.)

Juan — ¿Se lo ha bebido?

Cartilla — Era un sorbo.

Don Julián — Señor mío, acabe presto.

Doña Hipólita — ¿Qué dice?

Juan — Yo no le oigo.

Cartilla — ¿Cómo no le han trasquilado?

(Vuelve a beber y hacer señas que cómo no le trasquilan.)

Don Julián — ¿Se lo ha bebido?

Cartilla — Era poco.

Juan — ¿Mas qué ha de faltarnos vino?

Cartilla — ¿Eso qué importa? Ir por otro.

Don Julián — Cure usted sin trasquilar.

Cartilla — Por Marzo fuera más propio.

(Vuelve a beber Cartilla.)

Don Julián — ¿Se lo bebió?

Cartilla — Sí, señor,
que el vino es muy pernicioso
para heridas, y con él
les crece la sangre a todos.

Don Julián — Pues póngame uced la clara.

Cartilla — Dice bien, ya se la pongo;
venga un paño.

Doña Hipólita — Aquí está un lienzo.

(Pónele la clara y átale un lienzo.)

Cartilla — Ya le ato.

Don Clemente
(Dentro.) Entren poco a poco,
no quiebren los contadores.

Don Julián Tesoreros quiebran solo.

(Sale don Clemente, túrbase de ver al Regidor y a don Julián.)

Don Clemente Doña Hipólita, yo vengo...
Señor don Julián, vos ¿cómo
dentro desta casa? Y vos,
segunda vez a mis ojos,
¿cómo os atrevéis a entrar?

Doña Hipólita Esperad, que yo respondo
por los dos; en esta casa
no hay dueño que sea más propio
que don Julián, a quien yo
por mi dueño reconozco.
(Aparte.) (Así me pienso vengar.)

Don Clemente Cierra el labio licencioso,
que has de ser mía, aunque agora...

(Salen al paño doña Clara, doña Beatriz y Marichispa.)

Doña Clara ¡Que yo llegue cuando oigo
mi desprecio de sus labios!

Doña Beatriz ¡Cielos! ¿cómo me reporto?

Don Clemente Yo no quiero a doña Clara.

Doña Clara ¿Qué esto escucho?

Don Julián Yo tampoco.

Don Clemente Yo a doña Beatriz no estimo.

Don Julián Ni yo la quiero.

Doña Beatriz ¡Que esto oigo!

Don Clemente La presente para mí
es la que amo.

Don Julián Ese es mi tono.

Don Clemente Beatriz es fea.

Cartilla Y Clarilla
un poco falsa.

Don Julián Y dos pocos.

Don Clemente Hipólita es...

Doña Clara Ya yo salgo.

Don Julián La que quiero...

Doña Beatriz Yo me arrojo.

Don Julián Y yo la quiero también.

(Descúbranse doña Clara y doña Beatriz.)

Doña Clara Pues traidor...

Doña Beatriz Pues alevoso...

Doña Clara ¿Tú anoche no me adorabas?
Para este escarmiento tomo.
¿Doña Hipólita?

Doña Hipólita ¿Qué quieres?

Doña Clara Que me oigas te pido solo.

Doña Hipólita Ya te escucho.

Juan Don Julián,
hagamos aquí otro corro.

Don Julián Cartilla, amigo.

Cartilla Ya llego.

(Hacen dos corros, las mujeres uno, los hombres otro.)

Llégate tú.

Doña Clara Oídme todos,
ya veis que todos los hombres
son falsos y mentirosos.

Don Clemente Ya veis que toda mujer
es más falsa que nosotros;
pues escarmiento, y dejarlas.

Doña Hipólita Pues dejarlos.

Don Julián
Eso escojo.

Doña Clara
Haced camisas de tienda,
y no hablallos.

Doña Beatriz
Me conformo.

Don Clemente
Rezar, porque Dios nos libre
de mujeres y demonios.

Doña Clara
¡Ah quién estuviera agora
en el teatro famoso
del Príncipe!

Don Clemente
¡Quién se hallara
en el coliseo heroico
de la Cruz!

Doña Beatriz
Di, ¿qué dijeras?

Cartilla
Di, ¿qué dijeras?

Doña Clara
A todos
las dijera desta suerte.

Don Clemente
Y yo a todos deste modo:
galán, que entras por un lado
con dama de mucho toldo,
pensando que eres querido,
y el otro no, abrir el ojo.

Doña Clara
Abre el ojo, la que tienes
mocito como un pimpollo,
que son todos de oropel

y parecen todos de oro.

Don Julián — Abre el ojo, tú que das
estrado, y advierte, tonto,
que tú entras por el estrado
y otro por el escritorio.

Doña Hipólita — Abre el ojo, dama honrada.

Regidor — Tú, que gastas, Abre el ojo,
que pagas a una criada
que ha de servir a los otros.

Marichispa — Terceras destas señoras,
poned vuestra cara en cobro.

Don Clemente — Y pues todas son traidoras...

Doña Clara — Y pues salen falsos todos,
todas a una voz...

Don Clemente — Los cuatro
a una voz y a un mismo tono.

Doña Clara — Digamos...

Don Clemente — Decir podemos
de rabia...

Doña Beatriz — De ira...

Don Julián — De enojo...

Todas — Abrir el ojo, señoras.

Todos Señores, abrid el ojo.

Cartilla

Y don Francisco de Rojas,
postrado a esos pies heroicos
pide el vítor y el perdón,
pues nobles sois, sed piadosos.

Fin de la comedia

Libros a la carta

A la carta es un servicio especializado para
empresas,
librerías,
bibliotecas,
editoriales
y centros de enseñanza;
y permite confeccionar libros que, por su formato y concepción, sirven a los propósitos más específicos de estas instituciones.

Las empresas nos encargan ediciones personalizadas para marketing editorial o para regalos institucionales. Y los interesados solicitan, a título personal, ediciones antiguas, o no disponibles en el mercado; y las acompañan con notas y comentarios críticos.

Las ediciones tienen como apoyo un libro de estilo con todo tipo de referencias sobre los criterios de tratamiento tipográfico aplicados a nuestros libros que puede ser consultado en Linkgua-ediciones.com.

Linkgua edita por encargo diferentes versiones de una misma obra con distintos tratamientos ortotipográficos (actualizaciones de carácter divulgativo de un clásico, o versiones estrictamente fieles a la edición original de referencia).

Este servicio de ediciones a la carta le permitirá, si usted se dedica a la enseñanza, tener una forma de hacer pública su interpretación de un texto y, sobre una versión digitalizada «base», usted podrá introducir interpretaciones del texto fuente. Es un tópico que los profesores denuncien en clase los desmanes de una edición, o vayan comentando errores de interpretación de un texto y esta es una solución útil a esa necesidad del mundo académico.

Asimismo publicamos de manera sistemática, en un mismo catálogo, tesis doctorales y actas de congresos académicos, que son distribuidas a través de nuestra Web.

El servicio de «Libros a la carta» funciona de dos formas.

1. Tenemos un fondo de libros digitalizados que usted puede personalizar en tiradas de al menos cinco ejemplares. Estas personalizaciones pueden ser de todo tipo: añadir notas de clase para uso de un grupo de estudiantes, introducir logos corporativos para uso con fines de marketing empresarial, etc. etc.

2. Buscamos libros descatalogados de otras editoriales y los reeditamos en tiradas cortas a petición de un cliente.

www.ingramcontent.com/pod-product-compliance
Lightning Source LLC
LaVergne TN
LVHW041336080426
835512LV00006B/483

* 9 7 8 8 4 9 8 1 6 2 1 5 8 *